청춘영어
알파벳 + 파닉스

다락원

지은이 배진영
펴낸이 정규도
펴낸곳 (주)다락원

초판 1쇄 발행 2017년 2월 15일
초판 9쇄 발행 2024년 11월 11일

책임편집 유나래, 장의연
디자인 유혜영
전산편집 이현해
일러스트 강선용(gon-girl@hanmail.net)
표지 일러스트 Shutterstock

다락원 경기도 파주시 문발로 211
내용문의: (02)736-2031 내선 523
구입문의: (02)736-2031 내선 250~252
Fax: (02)732-2037
출판등록 1977년 9월 16일 제406-2008-000007호

Copyright © 2017, 배진영

저자 및 출판사의 허락 없이 이 책의 일부 또는 전부를 무단 복제·전재·발췌할 수 없습니다. 구입 후 철회는 회사 내규에 부합하는 경우에 가능하므로 구입 문의처에 문의하시기 바랍니다. 분실·파손 등에 따른 소비자 피해에 대해서는 공정거래위원회에서 고시한 소비자 분쟁 해결 기준에 따라 보상 가능합니다. 잘못된 책은 바꿔 드립니다.

ISBN 978-89-277-0083-8 18740

http://www.darakwon.co.kr

- 다락원 홈페이지를 방문하시면 상세한 출판정보와 함께 동영상 강좌, MP3자료 등 다양한 어학 정보를 얻으실 수 있습니다.

청춘영어
알파벳 + 파닉스

배진영 지음

다락원

들어가는 글

파닉스가 왜 필요할까?

영어를 처음 공부하는 분들 중에는 영어 발음 때문에 곤란을 겪는 분들이 많습니다. 특히 연세 있으신 분들은 우리말로 발음이 적혀 있지 않으면 힘들어 하시는 경우를 많이 봤습니다. 너무나도 어려운 영어 발음, 어떻게 시작하는 게 좋을까요? 답은 바로 파닉스입니다. 파닉스란 단어가 다소 생소하시죠? **파닉스는 쉽게 말해 영어 글자를 보고 읽는 소리 규칙을 말합니다. 일종의 발음공식이지요.** 영어 철자를 보고 바로 읽을 수 있는 파닉스는 많은 영어단어를 쉽고 빠르게 읽을 수 있는 지름길입니다. 아이들이 한글을 처음 배울 때 'ㄱ, ㄴ, ㄷ, ㄹ…'과 '아, 야, 어, 여…'처럼 한글의 자음과 모음을 먼저 배우는데, 파닉스를 배우는 이유도 이와 같다고 생각하시면 됩니다. **각 알파벳의 소리를 익혀두면 처음 보는 영어단어도 훨씬 쉽게 발음할 수 있거든요.** 영어권 국가에서도 정규 수업과정에서 파닉스 수업이 활발하게 이루어지고 있습니다. 물론 모든 규칙에는 예외가 존재하듯 파닉스에도 예외 규칙이 있지만, 초급 단계에서 알아야 할 기초 영어단어의 거의 대다수는 파닉스 규칙에 따라 쉽게 읽을 수 있습니다. 요즘 아이들은 두꺼운 영어사전을 뒤적이며 발음기호를 찾아 영어를 공부하던 옛날과는 달리, 글자를 보고 바로 읽을 수 있는 파닉스로 영어를 배우면서 쉽게 영어 발음을 익히고 있습니다. 여러분도 '청춘 영어: 알파벳+파닉스'를 공부하면 요즘 영어를 배우는 아이들처럼 어렵지 않게 영어단어를 읽을 수 있게 됩니다.

발음공식만 알면 쉽게 영어를 읽을 수 있다

아이들은 영어 소리를 그대로 접하면서 자연스럽게 파닉스를 습득하지만, 이미 우리말 사고 체계에 굳어진 성인에게는 아이들과는 다른 학습법이 필요합니다. 그래서 이 책에서는 가장 많이 쓰는 영어의 소리 규칙을 발음공식 62개로 정리해, 파닉스 조합

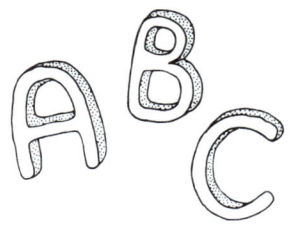

을 쉽게 풀어 설명했습니다. 영어에 친숙하지 않은 분들도 쉽게 이해할 수 있도록 영어 글자 하나하나에 한글을 대입해서 영어를 읽을 수 있게 구성했지요. 다만 F와 P처럼 한글 표기상으로는 같은 'ㅍ' 소리가 나지만, 실제 발음에서는 혀의 위치나, 입술의 모양을 달리하여 전혀 다른 소리가 나는 알파벳도 있기 때문에, 책에 표기된 글자를 읽는 것만으로는 한계가 있습니다. 따라서 MP3를 한 과마다 3-5번 정도 반복해서 듣고 따라 읽는 것을 추천 드립니다. 이런 방법으로 이 책을 공부하고 나면 왕초보라도 쉽게 영어를 읽을 수 있게 될 것입니다.

다시 시작하는 즐거운 영어 공부

3년 동안 항공사에서 승무원으로 일하면서 많은 나라를 가봤고, 또 많은 국적의 승객들을 보았습니다. 우리 독자님들 중에 혹시나 제가 모셨던 승객분이 계실지도 모르겠네요. 한 번은 도하로 가는 새벽 비행 때, 환갑을 훌쩍 넘은 듯한 할머니 한 분이 기내에 있는 영어 단어를 사전을 찾으시며 어떻게 읽으면 되는지 저에게 질문하셨던 적이 있습니다. 직접 챙겨오신 영어사전을 찾아보며 학구열에 불타는 그분의 모습이 책을 집필하는 내내 떠올랐습니다. 이 책으로 공부하시는 모든 분들이 쉬운 단어읽기 훈련을 통해 영어의 기초를 쌓고 영어에 대한 자신감도 쌓으시기를 응원합니다.

이 책이 나오기까지 바쁜 아내를 이해해 주고 응원해 준 남편 정호선씨와 가족들에게 감사하며 많은 조언과 도움으로 독자님들이 쉽고 재미있게 공부하실 수 있는 좋은 책으로 만들어 주신 다락원 편집팀에게도 깊은 감사를 드립니다.

2017년 설날, 배진영

이 책의 특징

영어를 처음 시작하는 왕초보에게도 어렵지 않습니다
이 책은 ABC부터 공부하기 때문에 영어에 대해 아무것도 모르는 왕초보 분들도 쉽게 시작하실 수 있습니다. 너무 기초가 없어 걱정인 분들도, 그 동안 영어 단어 밑에 우리말로 발음을 일일이 쓰며 공부하셨던 분들도 쉽게 발음을 익힐 수 있습니다.

62개 발음공식으로 영어 발음이 술술 읽힙니다
영어에서 가장 많이 쓰는 소리 규칙 62개를 발음공식으로 정리했습니다. 영어 소리 하나하나를 한글 소리에 대입할 수 있게 공식을 만들어 설명했기 때문에 영어에 친숙하지 않은 분들에게도 쉽습니다.

충분한 반복학습으로 저절로 발음이 떠오릅니다
파닉스를 배울 때 가장 중요한 것은 듣기와 반복학습입니다. 이 책에서는 연습할 수 있는 단어를 많이 넣어 배운 내용을 반복적으로 학습할 수 있게 구성했습니다. 배운 내용을 쉽게 잊어버리는 분들도 문제를 풀고 MP3를 들으며 배운 내용을 자기 것으로 만들 수 있습니다.

저자 선생님의 친절한 발음강의도 제공합니다
영어 발음을 혼자 공부하기 힘들어 하는 분들을 위해 특별한 음성 강의를 제공합니다. 다락원 홈페이지(darakwon.co.kr)에서 내려 받으세요. 각 페이지 좌측 상단의 QR코드를 스캔하면 스마트폰으로도 바로 강의를 들을 수 있습니다. 강의 듣는 법은 207쪽을 참고하세요.

이 책의 구성

첫째 마당 먼저 알아두기
본격적으로 공부하기에 앞서, 미리 알아두어야 할 알파벳과 기본 발음에 대한 내용을 담았습니다. **기본적인 알파벳 읽기**와 각 알파벳이 어떤 소리를 갖고 있는지 한 번에 보여주는 **알기 쉬운 알파벳의 소리**, 발음기호를 설명한 **한눈에 보는 발음기호**, 영어와 한국어 발음의 차이를 비교해 놓은 **재미있는 영어 발음의 특징**으로 영어의 기초를 먼저 익히세요.

둘째 마당 수업하기
발음할 때 꼭 필요한 **발음공식**을 62개로 정리해서 제시했습니다. 어렵거나 알아둬야 할 내용은 **발음 힌트**에서 설명했으며, **이야기로 발음 익히기**에서는 짧은 이야기를 통해 학습한 영어단어를 쉽게 기억할 수 있습니다. **발음 연습하기**에서는 발음공식에 해당되는 다양한 단어를 반복학습하면서 배운 내용을 확인할 수 있으며, 각 유닛이 끝나면 **확인하기**에서 문제를 풀며 배웠던 내용을 총정리합니다.

셋째 마당 더 알아두기
추가적인 학습을 위한 보너스 코너입니다. 앞에서 나온 발음공식 외에 중요한 예외공식을 정리한 **알아두면 좋은 예외적인 발음공식**과, 책에 나오는 모든 단어의 발음기호와 뜻을 함께 찾아볼 수 있는 **발음기호랑 같이 보는 영어 단어장**을 제공합니다.

별책 부록 매일매일 쓰기노트
그냥 책을 보는 것만으로는 성이 안 차는 분들을 위해서 알파벳과 단어 쓰기 연습을 할 수 있는 **매일매일 쓰기노트**를 별책부록으로 제공합니다. 발음과 뜻도 함께 정리했으니, 책을 공부한 뒤 복습할 때 활용해 보세요. 따로 분리해서 쓰기 편하도록 중철로 제본했습니다.

목 차

첫째 마당 먼저 알아두기
기본적인 알파벳 읽기 · 12
알기 쉬운 알파벳의 소리 · 14
한눈에 보는 발음기호 · 16
재미있는 영어 발음의 특징 · 18

둘째 마당 수업하기

1 기본 중의 기본 자음

발음공식 01   b · 26
발음공식 02   c · 28
발음공식 03   d · 30
발음공식 04   f · 32
발음공식 05   g · 34
발음공식 06   h · 36
발음공식 07   j · 38
발음공식 08   k · 40
발음공식 09   l · 42
발음공식 10   m · 44
발음공식 11   n · 46
발음공식 12   p · 48
발음공식 13   q · 50
발음공식 14   r · 52
발음공식 15   s · 54
발음공식 16   t · 56
발음공식 17   v · 58
발음공식 18   w · 60
발음공식 19   x · 62
발음공식 20   y · 64
발음공식 21   -y · 66
발음공식 22   z · 68

2 자음과 자음의 만남 이중자음

발음공식 23   bl / cl / fl / gl / pl / sl · 74
발음공식 24   br / cr / dr / fr · 76
　　　　　　　gr / pr / tr
발음공식 25   sc / sk / sm / sn · 78
　　　　　　　sp / sq / sw / st
발음공식 26   scr / str / spr / spl · 80
발음공식 27   ch · 82
발음공식 28   sh · 84
발음공식 29   th · 86
발음공식 30   wh · 88
발음공식 31   ph / gh · 90
발음공식 32   ng / nk · 92
발음공식 33   ck · 94

3 소리가 안 나는 **묵음**

발음공식 34　**wr** · 100

발음공식 35　**kn / gn** · 102

발음공식 36　**mb / mn** · 104

발음공식 37　**gh** · 106

4 모음이 하나일 때 **단모음**

발음공식 38　**a** · 112

발음공식 39　**e** · 114

발음공식 40　**i** · 116

발음공식 41　**o** · 118

발음공식 42　**u** · 120

5 알파벳 이름대로 소리 나는 **장모음**

발음공식 43　**a-e** · 126

발음공식 44　**-e / e-e** · 128

발음공식 45　**i-e** · 130

발음공식 46　**o-e** · 132

발음공식 47　**u-e** · 134

6 모음과 모음의 만남 **이중모음**

발음공식 48　**ai / ay** · 140

발음공식 49　**ee / ea** · 142

발음공식 50　**ie** · 144

발음공식 51　**oa / ou** · 146

발음공식 52　**ow** · 148

발음공식 53　**oi / oy** · 150

발음공식 54　**oo** · 152

발음공식 55　**au / aw** · 154

발음공식 56　**ue / ew** · 156

발음공식 57　**ey** · 158

발음공식 58　**ar / or** · 160

발음공식 59　**ir / ur** · 162

발음공식 60　**er** · 164

발음공식 61　**air / are** · 166

발음공식 62　**ear / eer** · 168

퍼즐로 익히는 발음 **정답** · 174

셋째 마당 더 알아두기

알아두면 좋은 예외적인 발음공식 · 180

발음기호랑 같이 보는 영어 단어장 · 188

별책 부록

알파벳·단어 매일매일 쓰기노트

첫째 마당

먼저 알아두기

기본적인 알파벳 읽기 00-1

영어를 표기하는 총 26개의 알파벳은 대문자 형태와 소문자 형태로 각각 쓸 수 있습니다. 대문자는 사람 이름이나 나라, 도시, 월, 요일 이름을 쓸 때 맨 첫 글자에 쓰는데요, 특별한 이름들이니까 알아보기 쉽게 하려는 것입니다. 또 영어에서는 문장을 시작할 때 첫 글자를 무조건 대문자로 씁니다. I love you. We are Korean. 처럼요.

대문자	소문자	발음
A	a	[에이]
C	c	[씨-]
E	e	[이-]
G	g	[쥐-]
I	i	[아이]
K	k	[케이]
M	m	[엠]

대문자	소문자	발음
B	b	[비-]
D	d	[디-]
F	f	[에프]
H	h	[에이치]
J	j	[제이]
L	l	[엘]
N	n	[엔]

한글 자모에도 ㄱ은 기역, ㄴ은 니은, ㄷ은 디귿처럼 따로 이름이 있듯이 알파벳에도 각각 이름이 있습니다. 다음 알파벳 이름을 읽어 보세요.

대문자	소문자	발음
O	o	[오우]
Q	q	[큐-]
S	s	[에쓰]
U	u	[유-]
W	w	[더블유-]
Y	y	[와이]

대문자	소문자	발음
P	p	[피-]
R	r	[아알]
T	t	[티-]
V	v	[뷔-]
X	x	[엑쓰]
Z	z	[지-]

▶ - 표시는 길게 읽고, 굵게 표시한 부분은 강하게 읽으세요.

▶ 별책부록 '매일매일 쓰기노트' 2쪽~7쪽에서 알파벳을 순서대로 따라 쓰는 연습을 해 보세요.

알기 쉬운 알파벳의 소리 00-2

- **모음**: 소리가 목구멍에서 입 밖으로 나올 때까지 아무런 걸림 없이 날 때를 모음이라고 합니다. A(에이) E(이) I(아이) O(오우) U(유)에서 모음 소리가 납니다. w와 y는 자음이지만 모음처럼 걸림 없는 소리가 나기 때문에 반자음 또는 반모음이라고도 부릅니다. 모음은 위치에 따라 굉장히 다양한 소리를 내기 때문에 사전을 보면서 그때그때 발음을 확인해야 합니다.

모양	A	B	C	D	E	F
이름	에이	비-	씨-	디-	이-	에프
소리	오 ball [볼-] 애 ant [앤트] 아 far [팔-] 에이 face [페이쓰] 어 ago [어고우]	ㅂ bad [밷]	ㅋ can [캔] ㅆ city [씨티]	ㄷ dad [댇]	에 bed [벧] 이 he [히-] 어 cover [커벌]	ㅍ fill [필]

모양	N	O	P	Q	R	S
이름	엔	오우	피-	큐-	아알	에쓰
소리	ㄴ nine [나인]	오우 home [호움] 아 mop [맢] 어 lemon [레먼]	ㅍ pen [펜]	크우 quit [크윝]	ㄹ rain [레인]	ㅅ·ㅆ sun [썬] ㅈ rise [라이즈] 쥐 vision [비전]

알파벳은 글자 하나가 하나의 소리를 낼 때도 있지만 두 개, 세 개의 소리를 낼 때도 있어요. 알파벳이 어떤 소리를 갖고 있는지 알아두면 발음하기가 훨씬 쉬워집니다. 각 알파벳의 자세한 소리는 둘째 마당의 발음공식에서 차례대로 익혀 보세요.

- **자음**: 모음을 뺀 나머지 소리를 자음이라고 합니다. 목구멍에서 나온 소리가 혀나 혀뿌리, 입술, 치아 등에 막혀서 여러 소리를 냅니다.

G	H	I	J	K	L	M
쥐-	에이치	아이	제이	케이	엘	엠
ㄱ gift [기프트] 쥐 gym [짐]	ㅎ hug [헉]	이 sit [씰] 아이 time [타임] 어 bird [벌-드]	쥐 jar [잘-]	ㅋ kid [킫]	ㄹ lily [릴리]	ㅁ make [메잌]

T	U	V	W	X	Y	Z
티-	유-	뷔-	더블유-	엑쓰	와이	지-
ㅌ tea [티-]	우 flute [플루-트] 어 up [엎] 유 mule [뮬-] 어 album [앨범]	ㅂ vest [베스트]	우 wind [윈드]	ㅋ쓰 ox [앜쓰] ㄱㅈ exam [익잼] ㅈ xylophone [자일러포운]	이 you [유] 이 copy [카피] 아이 sky [스카이]	ㅈ zebra [지-브러]

한눈에 보는 발음기호 🎧 00-3

- **자음**: [v] [f]는 윗니를 아랫입술에 대고 내는 소리입니다.
  [r]은 [l]과 달리 혀끝을 구부려 입천장에 닿지 않게 내는 소리입니다.
  [ð], [θ]는 혀를 이 사이에 넣다 빼는 소리입니다.
  [j], [w]는 반자음으로 [j]는 [야], [유], [요], [w]는 [워], [웨], [위] 같은 소리를 만듭니다.

모양	[b]	[d]	[f]	[g]	[h]	[k]
소리	ㅂ	ㄷ	ㅍ	ㄱ	ㅎ	ㅋ
예	bag [bæg 백]	dad [dæd 댇]	feel [fi:l 필-]	game [geim 게임]	ham [hæm 햄]	cook [kuk 쿡]

모양	[l]	[m]	[n]	[p]	[r]	[s]
소리	ㄹ	ㅁ	ㄴ	ㅍ	ㄹ	ㅅ·ㅆ
예	live [liv 리브]	meal [mi:l 밀-]	net [net 넫]	pin [pin 핀]	rain [rein 레인]	sell [sel 쎌]

모양	[t]	[v]	[z]	[j]	[w]	[ŋ]
소리	ㅌ	ㅂ	ㅈ	이	우	ㅇ
예	toe [tou 토우]	very [véri 베리]	zoo [zu: 주-]	yell [jel 옐]	web [web 웹]	sing [siŋ 씽]

모양	[ð]	[θ]	[ʃ]	[tʃ]	[dʒ]	[ʒ]
소리	ㄷ	ㅆ	쉬	ㅊ	쥐	지
예	that [ðæt 댇]	thin [θin 씬]	ship [ʃip 쉽]	chin [tʃin 친]	joy [dʒɔi 조이]	vision [víʒən 비전]

영어사전에서 단어 옆을 보면 각 괄호 [ ]에 들어 있는 것이 있는데, 이게 바로 발음기호입니다. 단어를 어떻게 읽는지 쉽게 알려주는 기호로, 발음기호를 알면 아주 어려운 단어라도 읽는 방법을 알 수 있습니다.

- 모음: [ʌ]는 강한 [어], [ə]는 약한 [어] 발음입니다.
  [æ]는 [e]보다 입을 양옆으로 쫙 벌리며 발음합니다.
  [ɔ]는 '어'와 '오'의 중간 발음입니다.
  [ə:r]는 [ɜ:r]로 표기할 수도 있습니다.
  모음 뒤에 들어간 :는 장음 표기로 길게 읽습니다.

모양	[a]	[i]	[u]	[ʌ]	[ə]	[e]
소리	아	이	우	어	어	에
예	hot [hat 핱]	pig [pig 픽]	book [buk 북]	fun [fʌn 펀]	agree [əgrí 어그리]	bed [bed 벧]

모양	[æ]	[u:]	[a:]	[ɔ:]	[i:]	[ə:r]
소리	애	우-	아-	오-	이-	얼-
예	man [mæn 맨]	roof [ru:f 루-프]	car [ca:r 칼-]	law [lɔ: 로-]	key [ki: 키-]	work [wə:rk 월-크]

모양	[ai]	[au]	[ou]	[ei]	[ɔi]	[iər]
소리	아이	아우	오우	에이	오이	이얼
예	bite [bait 바잍]	now [nau 나우]	soap [soup 소웊]	gate [geit 게잍]	oil [ɔil 오일]	hear [hiər 히얼]

모양	[uər]	[ɛər]
소리	우얼	에얼
예	poor [puər 푸얼]	bear [bɛər 베얼]

재미있는 영어 발음의 특징

1 영어는 알파벳으로 표기한다

한글은 초성, 중성, 종성을 모아 하나의 글자로 조합해서 쓰는 데 반해, 영어는 자음과 모음을 조합해서 씁니다. 영어의 자음은 한글의 종성처럼 뒤에 와서 받침소리가 되기도 합니다.

> 한글 말 → ㅁ + ㅏ + ㄹ
> 　　　　　초성 + 중성 + 종성
>
> 영어 dog → d + o + g
> 　　　　　자음 + 모음 + 자음

2 영어에는 한국어에는 없는 발음이 있다.

f와 v는 우리말 ㅍ과 ㅂ 소리와 비슷하지만 윗니로 아랫입술을 문 상태에서 내는 발음이므로 전혀 다른 발음입니다. th도 혀를 이 사이에 넣다 빼며 내는 발음으로, 한국어에서는 찾아볼 수 없는 발음이지요. 영어에는 이렇듯 한국어에는 없는 발음이 많으므로 발음할 때 주의가 필요합니다.

> 한국어 [팬]　　　　[팬]
> 영어 pan 프라이팬　fan 선풍기

3 알파벳 하나가 다양한 소리를 갖는 경우도 있다.

한글은 글자 하나하나가 일정한 소리를 갖습니다. 하지만 영어는 같은 알파벳이라도 다른 소리를 내는 경우가 많습니다. 예를 들어 g는 ㄱ와 ㅈ 소리를 모두 가지며, c는 ㅆ와 ㅋ 소리를 둘 다 가집니다. 모음의 경우는 소리가 더 다양해서 a만 해도 [오], [애], [아], [에이], [어] 같은 다양한 소리를 내지요.

> 한글 ㅅ → 손 / 사다
> 영어 c → can [캔] / city [씨티]

영어 발음은 한국어와는 다른 점이 많습니다. 그래서 더 발음하기 까다로운데요, 영어 발음이 우리말과 어떤 차이가 있는지 알아두면 발음하기가 더욱 쉬워집니다.

4 영어는 끝소리를 강하게 내지 않는다

한국어는 ㄱ, ㄴ, ㄷ, ㄹ 같은 자음에 모음을 붙여서 쓰기 때문에 끝소리를 '그', '느', '드', '르'처럼 강하게 읽습니다. 하지만 영어는 b, c, d, f 같은 자음 소리가 하나의 음을 가지기 때문에 끝소리를 강하게 읽지 않습니다. 예를 들어, 한국어에서는 '케이크'라고 끝의 발음까지 강하게 읽지만, 영어에서는 끝소리를 cake[케잌]처럼 짧게 끊어서 읽어야 하지요.

한국어	케이크	테이프
영어	cake [케잌]	tape [테잎]

5 영어에는 장음(길게 읽는 소리)이 있다.

한국어에도 장음과 단음이 있어서 내리는 눈은 길게, 보는 눈은 짧게 발음합니다. 영어의 경우에는 이 장음이 더 엄격하게 구분되어 있습니다. 발음기호에서 :로 표시되어 있는 것이 바로 장음인데, 장음 표시가 되어 있는 모음소리는 길게 발음해야 합니다.

한국어	눈- (雪)	눈 (眼)
영어	seat [씨-트] 좌석	sit [씰] 앉다

6 영어에는 강세가 있다.

영어 단어에서는 강하게 읽어야 하는 부분이 있는데, 이걸 강세라고 합니다. 영어사전에서 단어를 찾아보면 [ ] 안에 발음 방법을 알려주는 발음기호가 붙어 있고, 모음 위에 ´표시가 있어요. 이 표시가 있는 부분을 강하고 힘있게 읽으면 됩니다. `는 그 다음으로 강하게 읽으라는 표시입니다. 참고로, 강세는 두 개 이상의 모음소리를 가진 단어에만 있습니다.

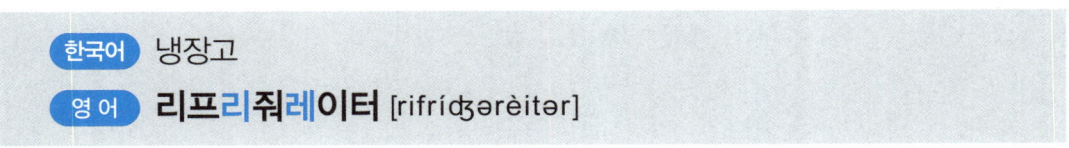

둘째 마당
수업하기

알아두기 : 이 책의 약속

이 책에서는 영어 소리 하나하나를 한글 소리로 바꿔 발음을 조합하는 법을 알려 줍니다.
본격적으로 학습에 들어가기 전에 기본적인 발음 방법을 알아두고 공부할 때 활용해 보세요.

1 기본적으로 자음과 모음 소리를 조합하세요

앞서 설명했듯이 영어는 기본적으로 자음과 모음의 조합으로 이루어집니다. 이 책에서는 자음소리는 'ㄱ, ㄴ, ㄷ, ㄹ'처럼 표기했고, 모음소리는 '아, 에, 어, 이'처럼 표기했습니다. 예를 들어 'ㄱ'과 '아' 소리가 만나면 '가', 'ㄴ'과 '이' 소리가 만나면 '니'가 됩니다. '자음+모음+자음'으로 조합된 단어는 마지막 자음을 받침처럼 넣어 발음하면 되지요. 이 조합이 어려운 경우는 발음힌트를 참고해 주세요.

boy	ㅂ + 오이	=	보이
line	ㄹ + 아이 + ㄴ	=	라인

2 끝소리는 강하게 내지 말고 짧게 끊어 주세요

good는 [구드]가 아니라 [굳], like는 [라이크]가 아니라 [라잌]처럼 끝소리는 강하게 내지 말고 받침처럼 약화해서 발음해야 합니다. 이 책에서는 끝에 나오는 [b, d, g, k, p, t] 소리를 전부 'ㅂ, ㄷ, ㄱ, ㅋ, ㅍ, ㅌ'의 받침으로 표기했는데, 우리말 받침처럼 발음하기보다는 끝소리를 짧게 끊어낸다는 느낌으로 발음하면 됩니다. bus의 경우도 [버쓰]라고 표기되어 있지만 끝의 [쓰]는 약화시켜 발음해 주세요.

good	ㄱ + 우 + ㄷ	=	굳 (o) 구드 (x)
like	ㄹ + 아이 + ㅋ	=	라잌 (o) 라이크 (x)

3 장음은 모음 소리를 길게 해서 발음하세요

영어에서 중요한 장음(길게 읽는 소리)은 -로 표기했는데, 이때는 모음소리를 길게 해서 발음하면 됩니다. 예를 들어 car은 [칼-]인데, [아-] 소리를 길게 해서 [카알]로 발음하세요. 특히 장음에서는 끝소리 처리가 중요한데, meet[미-트]는 [트] 소리를 강하게 내지 말고 [이-] 소리를 길게 늘리고 ㅌ를 받침소리처럼 넣어 [미잍]에 가깝게 발음해야 합니다.

car	ㅋ + 알-	=	칼-/카알
meet	ㅁ + 이- + ㅌ	=	미-트/미잍

4 음절을 구분해서 읽으세요

음절은 끊어 말하는 말소리의 단위를 말하는데요, 영어는 한국어와 달리 모음 소리로 음절을 구분합니다. 예를 들어 우리는 '스', '트', '레', '스'라고 4음절로 끊어 말하지만, 영어 stress는 모음소리가 [e: 에] 하나만 있는 1음절 단어라서 한 번에 [스트레쓰]라고 읽어야 하지요. 이렇듯 영어는 모음 소리에 따라 한 음절씩 끊어 읽으면 됩니다. candy는 발음기호가 [kǽndi]로 모음소리가 두 개인 2음절 단어인데, [kǽn: 캔]에서 한 번 끊고, [di: 디]에서 한 번 끊어서 [캔디]라고 읽으면 됩니다.

stress	스트ㄹ + 에 + 쓰	=	스트레쓰
candy	ㅋ + 애 + ㄴ + ㄷ + 이	=	캔디

5 정확한 발음은 MP3를 꼭 들어 보세요

영어에는 한국어에 없는 발음이 존재하기 때문에, 한글로 표기하는 것은 아무래도 한계가 있습니다. 따라서 책에 나오는 모든 단어는 반드시 MP3를 듣고 원어민의 정확한 발음을 확인해 보세요. 반복해서 듣고 따라하다 보면 정확한 발음을 익힐 수 있습니다. 부록에 있는 발음기호도 참고하세요.

기본 중의 기본
자음

1

한글의 ㄱ, ㄴ, ㄷ, ㄹ과 같은 소리를 '자음'이라고 합니다. 영어에서는 a, e, i, o, u를 제외한 나머지 알파벳 21자가 자음에 해당하는데요, 목구멍에서 나온 소리가 혀나 혀뿌리, 입술, 치아 등의 조음기관에 막혀서 나는 소리를 말합니다. 여기서는 알파벳 순서대로 자음이 각각 어떤 소리를 가지고 있는지 알아보겠습니다.

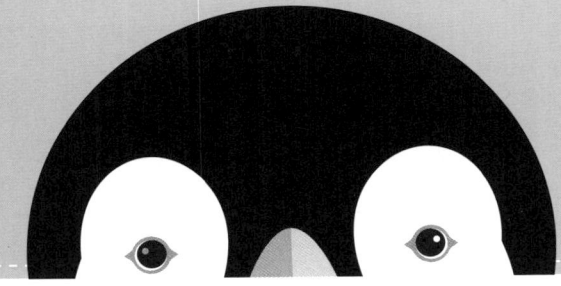

발음공식 01

b

- 우리말 소리　ㅂ
- 발음 기호　[b]

소리 익히기　b의 소리에 동그라미 치면서 단어를 읽어 보세요.　🎧 01-1

소년

boy　보이　ㅂ+오이

아기

ba**b**y　베이비　ㅂ+에이+ㅂ+이

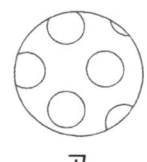
공

ball　볼-　ㅂ+오-+ㄹ

직업

jo**b**　잡　ㅈ+아+ㅂ

💬 **이야기로 발음 익히기**

도진의 job은 택시기사입니다. 하루는 도진이 택시를 몰고 광화문역을 지나가고 있는데, 한 여성이 ball을 든 boy와 귀여운 baby를 데리고 택시에 탔습니다.

발음 힌트

- **baby** 첫 번째 b는 [에이] 소리를 내는 a와 합쳐져 [베이], 두 번째 b는 [이] 소리를 내는 y와 합쳐져 [비]로 소리 납니다. 이어 읽으면 [베이비]가 됩니다.
- **job** 단어 끝에 오는 b는 ㅂ 받침과 비슷하게 발음합니다. sob[쌉: 흐느끼다], web[웹: 거미줄], grab[그랩: 움켜쥐다]도 마찬가지입니다.

26

b는 우리말 ㅂ과 유사한 소리를 냅니다. 아랫입술과 윗입술을 붙였다가 떼면서 [브]하고 발음하는데, 이때 성대를 울리면서 소리를 냅니다.

발음 연습하기　[보기]처럼 단어의 발음을 쓰고 읽어 보세요. 🎧 01-2

보기	단어	발음		뜻
보기	bed	ㅂ+에+ㄷ	[벧]	침대
	book	☐+우+ㅋ	❶ [　　]	책
	bad	☐+애+ㄷ	❷ [　　]	나쁜
	bell	☐+에+ㄹ	❸ [　　]	종, 초인종
	big	☐+이+ㄱ	❹ [　　]	큰
	bear	☐+에얼	❺ [　　]	곰
	bean	☐+이-+ㄴ	❻ [　　]	콩
	ruby	ㄹ+우-+☐+이	❼ [　　]	루비
	ribbon	ㄹ+이+☐+어+ㄴ	❽ [　　]	리본
	rub	ㄹ+어+☐	❾ [　　]	문지르다
	club	ㅋㄹ+어+☐	❿ [　　]	클럽, 동호회

발음 확인

정답　❶ 북　❷ 밷　❸ 벨　❹ 빅　❺ 베얼　❻ 빈-　❼ 루-비　❽ 리번　❾ 럽　❿ 클럽

해설　❼ 루-비　y는 자음 뒤에 오면 [이] 또는 [아이]로 소리 납니다.
　　　❽ 리번　단어 중간에 b가 두 개 있지만 b는 뒤의 모음과 결합해 한 번만 소리 납니다.
　　　❿ 클럽　cl은 c의 [ㅋ] 소리와 l의 [ㄹ] 소리를 합쳐 [ㅋㄹ]로 발음합니다.

c

- 우리말 소리   ㅋ ㅆ
- 발음 기호   [k] [s]

소리 익히기 c의 소리에 동그라미 치면서 단어를 읽어 보세요. 🎧 02-1

커피
coffee   코-피   ㅋ+오-+ㅍ+이

케이크
cake   케익   ㅋ+에이+ㅋ

도시
city   씨티   ㅆ+이+ㅌ+이

얼굴
fa**c**e   페이쓰   ㅍ+에이+ㅆ

💬 이야기로 발음 익히기

시골에 사는 친구가 **city**에 살고 있는 민자를 만나러 왔습니다. 오랜만에 친구의 **face**를 본 민자는 반가워하며 **coffee**와 **cake**을 대접했습니다.

발음 힌트

- **city** c가 [s] 소리를 가질 때에는 혀의 앞바닥을 입천장 앞바닥에 마주 닿을 정도로 올리면서 된소리 [ㅆ]에 가깝게 발음합니다. [시티]가 아니라 [씨티]라고 읽으세요.
- **face** 'a+자음+e'에서 a는 [에이] 소리를 내는데, 단어 끝의 e는 소리가 나지 않습니다. 따라서 -ace는 c를 마지막 소리로 하여 [에이쓰]로 발음하면 됩니다.

c는 두 가지 소리를 갖습니다. 보통은 우리말 ㅋ과 유사한 소리가 나서 [크]하고 발음합니다. c 뒤에 e, i, y가 오면 된소리 ㅆ과 비슷한 소리가 나는데, 이때는 혀끝에 힘을 주며 [쓰]하고 발음하면 됩니다. 우리말 '쓰레기'라고 할 때처럼요.

발음 연습하기 [보기]처럼 단어의 발음을 쓰고 읽어 보세요. 02-2

보기	can	ㅋ + 애 + ㄴ	[캔]	깡통, 캔
	cold	☐ + 오우 + ㄹ + ㄷ	❶ [ ]	추운
	car	☐ + 알-	❷ [ ]	자동차
	call	☐ + 오- + ㄹ	❸ [ ]	부르다
	carry	☐ + 애 + ㄹ + 이	❹ [ ]	나르다
보기	race	ㄹ + 에이 + ㅆ	[레이쓰]	경주
	ceiling	☐ + 이- + ㄹ + ㄹ + 이 + ㅇ	❺ [ ]	천장
	peace	ㅍ + 이- + ☐	❻ [ ]	평화
	rice	ㄹ + 아이 + ☐	❼ [ ]	쌀
	circle	☐ + 얼- + ㅋ + ㄹ	❽ [ ]	동그라미

발음 확인

정답 ❶ 코울드 ❷ 칼- ❸ 콜- ❹ 캐리 ❺ 씰-링 ❻ 피-쓰 ❼ 라이쓰 ❽ 썰-클

해설 ❻ 피-쓰 ❼ 라이쓰 face[페이쓰]와 마찬가지로 끝의 e는 소리가 나지 않습니다.

❽ 썰-클 첫 번째 c는 뒤의 i를 만나 [ㅆ]로 발음되고, 두 번째 c는 [ㅋ]로 발음됩니다. 한편 -cle는 [클]로 발음하지요. 비슷한 유형의 cycle[싸이클: 순환]도 함께 알아 두세요.

미니강의 발음공식 03

d

- 우리말 소리   ㄷ
- 발음 기호   [d]

소리 익히기   d의 소리에 동그라미 치면서 단어를 읽어 보세요. 🎧 03-1

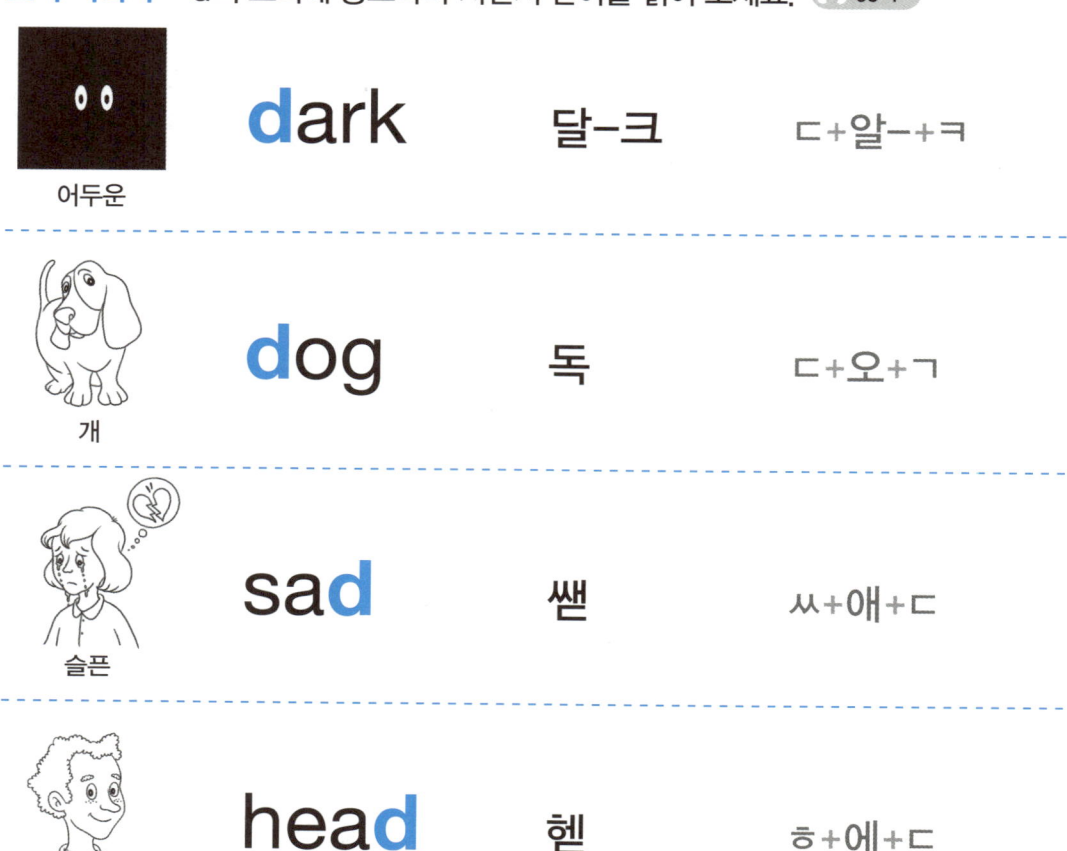

	단어	발음	구성
어두운	**d**ark	달-크	ㄷ+알-+ㅋ
개	**d**og	독	ㄷ+오+ㄱ
슬픈	sa**d**	쌛	ㅆ+애+ㄷ
머리	hea**d**	헫	ㅎ+에+ㄷ

💬 **이야기로 발음 익히기**

도진은 밤 늦게까지 일하고 sad한 기분으로 dark한 골목길을 지나 집에 도착했습니다. 현관에 들어서자 dog이 꼬리를 흔들며 달려나와서 head을 쓰다듬어 주었습니다.

발음 힌트

- **dark** ar은 길게 [알-]하고 혀끝을 입천장에 닿지 않게 안쪽으로 말아서 발음하고, 끝에는 k의 [크] 소리를 약하게 덧붙여 [달-크]라고 발음하면 됩니다.
- **sad/head** d가 단어 끝에 올 경우, 혀끝을 윗니 바로 뒤쪽의 입천장에 살짝 댔다 떼면서 바람만 살짝 내보내듯 [드]하고 약하게 발음합니다. [쌔드], [헤드]처럼 끝소리 [드]를 강하게 발음하지 말고 [쌛], [헫]에 가깝게 발음해 보세요.

d는 우리말 ㄷ과 비슷한 소리가 납니다. 혀끝을 윗니 바로 뒤쪽에 있는 입천장에 붙였다 떼면서 [드]하고 발음하세요.

발음 연습하기
[보기]처럼 단어의 발음을 쓰고 읽어 보세요. 🎧 03-2

보기	do	ㄷ+우	[두]	~을 하다
	door	☐+올-	❶ [ ]	문
	dig	☐+이+ㄱ	❷ [ ]	(땅을) 파다
	dust	☐+어+ㅅ+ㅌ	❸ [ ]	먼지
	dirty	☐+얼-+ㅌ+이	❹ [ ]	더러운
	dance	☐+애+ㄴ+ㅆ	❺ [ ]	춤추다
	desk	☐+에+ㅅ+ㅋ	❻ [ ]	책상
	dad	ㄷ+애+☐	❼ [ ]	아빠
	bird	ㅂ+얼-+☐	❽ [ ]	새
	hand	ㅎ+애+ㄴ+☐	❾ [ ]	손
	red	ㄹ+에+☐	❿ [ ]	빨간색, 빨간

발음 확인

정답 ❶ 돌- ❷ 딕 ❸ 더스트 ❹ 덜-티 ❺ 댄쓰 ❻ 데스크 ❼ 댇 ❽ 벌-드 ❾ 핸드 ❿ 렏

해설 ❶ 돌- -oor은 [오]와 [어]의 중간 발음인 [오-]를 길게 발음하고, 혀끝을 입천장에 닿지 않게 구부려서 [도올]이라고 발음하세요.

❾ 핸드 n은 ㄴ을 앞 모음의 받침소리로 넣고, 끝의 d는 [드]하고 약하게 발음하세요.

미니강의 발음공식 04

f

- 우리말 소리　ㅍ
- 발음 기호　[f]

소리 익히기　f의 소리에 동그라미 치면서 단어를 읽어 보세요.　🎧 04-1

물고기

fish　피쉬　ㅍ+이+쉬

음식

food　푸-드　ㅍ+우-+ㄷ

부드러운

so**f**t　쏘-프트　ㅆ+오-+ㅍ+ㅌ

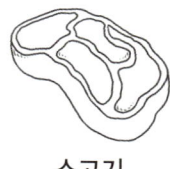
소고기

bee**f**　비-프　ㅂ+이-+ㅍ

💬 **이야기로 발음 익히기**

가족과 함께 바다에 놀러 간 도진은 맛있는 **food**로 소문난 식당에 들어갔습니다. 그곳에서 신선한 **fish** 요리도 먹고, **soft**한 **beef** 구이도 배불리 먹었습니다.

발음 힌트

- **fish** 단어 끝의 sh는 '우' 소리를 내듯 입을 오므린 상태에서 [쉬]하고 소리 납니다.
- **food** oo는 길게 [우-]로 발음하며, 끝의 d는 약하게 덧붙이듯 [드]로 발음하세요.
- **beef** 단어 끝에 오는 f는 윗니를 아랫입술에 대고 약하게 [프] 소리를 내면 됩니다. cliff[클리프: 절벽]처럼 f가 두 개일 때도 마찬가지입니다.

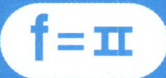

f는 토끼 이빨을 흉내 내듯이 윗니를 아랫입술에 붙인 후, 바람을 밀어내며 [프]하고 발음합니다. 우리말의 ㅍ과 비슷한 소리 같지만 전혀 다른 소리이므로 발음할 때 주의하세요.

발음 연습하기   [보기]처럼 단어의 발음을 쓰고 읽어 보세요.   04-2

보기	fill	ㅍ+이+ㄹ	[필]	채우다
	fire	☐+아이얼	❶ [　　]	불
	find	☐+아이+ㄴ+ㄷ	❷ [　　]	찾다
	fast	☐+애+ㅅ+ㅌ	❸ [　　]	빠른
	feel	☐+이-+ㄹ	❹ [　　]	느끼다
	foot	☐+우+ㅌ	❺ [　　]	발
	fall	☐+오-+ㄹ	❻ [　　]	떨어지다
	fine	☐+아이+ㄴ	❼ [　　]	좋은
	safe	ㅆ+에이+☐	❽ [　　]	안전한
	roof	ㄹ+우-+☐	❾ [　　]	지붕
	leaf	ㄹ+이-+☐	❿ [　　]	나뭇잎

발음 확인

정답 ❶ 파이얼 ❷ 파인드 ❸ 패스트 ❹ 필- ❺ 풋 ❻ 폴- ❼ 파인 ❽ 쎄이프 ❾ 루-프 ❿ 리-프

해설 ❶ 파이얼   -ire는 [아이얼]하고 발음하는데, 이때 혀끝을 입천장에 닿지 않게 구부려서 발음합니다. hire[하이얼: 고용하다], tire[타이얼: 타이어]도 마찬가지지요.

❽ 쎄이프   끝의 e는 소리 나지 않으므로, f를 마지막 소리로 발음하세요.

미니강의 발음공식 05

g

- 우리말 소리　ㄱ　ㅈ
- 발음 기호　[g] [dʒ]

소리 익히기　g의 소리에 동그라미 치면서 단어를 읽어 보세요.　🎧 05-1

선물

gift　기프트　ㄱ+이+ㅍ+ㅌ

가방

ba**g**　백　ㅂ+애+ㄱ

기린

giraffe　저래프　ㅈ+어+ㄹ+애+ㅍ

커다란

lar**g**e　랄-쥐　ㄹ+알-+쥐

💬 **이야기로 발음 익히기**

도진은 민자의 생일에 예쁘게 포장한 large한 상자를 gift로 주었습니다. 민자가 상자를 열자 거기에는 giraffe 무늬의 멋진 bag이 하나 들어 있었습니다.

발음 힌트

- **bag** 단어 끝에 오는 g는 앞 모음 소리의 ㄱ 받침처럼 넣어 읽습니다. big[빅: 큰], dog[독: 개], flag[플랙: 깃발]처럼 발음하면 됩니다.
- **large** 단어 끝에 오는 -ge는 age[에이쥐: 나이], change[체인쥐: 변화]처럼 [dʒ: 쥐] 소리가 납니다. 드물게 beige[베이지: 베이지색]처럼 [ʒ: 지] 소리가 날 때도 있습니다.

g = ㄱ / ㅈ

g는 두 가지 소리를 갖고 있습니다. 먼저, 우리말 ㄱ과 유사한 소리를 갖고 있어서 목구멍 쪽 입구를 안쪽 혀로 막았다가 떼면서 [그]하고 발음하지요. g 뒤에 e, i, y가 오면 주로 ㅈ과 비슷한 소리를 냅니다. 이때는 입을 앞으로 내밀어서 [쥐]하고 발음하세요.

발음 연습하기   [보기]처럼 단어의 발음을 쓰고 읽어 보세요.   05-2

보기	get	ㄱ + 에 + ㅌ	[겥]	받다, 얻다
	goat	□ + 오우 + ㅌ	❶ [ ]	염소
	game	□ + 에이 + ㅁ	❷ [ ]	게임, 경기
	good	□ + 우 + ㄷ	❸ [ ]	좋은
	leg	ㄹ + 에 + □	❹ [ ]	다리

보기	engine	에 + ㄴ + ㅈ + 이 + ㄴ	[엔진]	엔진
	gym	□ + 이 + ㅁ	❺ [ ]	체육관
	ginger	□ + 이 + ㄴ + □ + 얼	❻ [ ]	생강
	danger	ㄷ + 에이 + ㄴ + □ + 얼	❼ [ ]	위험
	huge	ㅎ + 유- + □	❽ [ ]	거대한

발음 확인

정답 ❶ 고울 ❷ 게임 ❸ 굳 ❹ 렉 ❺ 짐 ❻ 진절 ❼ 데인절 ❽ 휴-쥐

해설 ❻ 진절 두 개의 g가 모두 [ㅈ] 소리를 내며, 끝의 er은 [얼]로 발음합니다. tiger[타이걸: 호랑이]처럼 -ger에서 g가 [ㄱ] 소리를 내는 경우도 있으니 주의하세요.

❽ 휴-쥐 large와 마찬가지로 단어 끝에 오는 -ge는 모두 [쥐]로 발음합니다.

미니강의 발음공식 **06**

h

- 우리말 소리   ㅎ
- 발음 기호   [h]

소리 익히기   h의 소리에 동그라미 치면서 단어를 읽어 보세요. 🎧 06-1

모자

hat   햍   ㅎ+애+ㅌ

하이킹하다

hike   하익   ㅎ+아이+ㅋ

집

house   하우쓰   ㅎ+아우+ㅆ

행복한

happy   해피   ㅎ+애+ㅍ+이

💬 이야기로 발음 익히기

오늘 도진은 친구와 hike하러 가기로 약속했습니다. 아침 일찍 일어난 도진은 멋진 hat을 쓰고 happy한 기분으로 house에서 나왔습니다.

발음 힌트

- **house** [하우쓰]에서 마지막 [쓰] 발음은 [으] 발음을 약하게 해서, 혀끝과 입천장에서 바람만 빠져 나오듯 발음합니다.
- **happy** 모음 소리가 두 개 이상 들어 있는 단어에는 강세(강하게 발음하는 소리)가 있습니다. [애]에 강세가 있으므로 [해피]에서 앞의 [해]를 좀 더 강하게 읽으세요.

h는 우리말 ㅎ과 비슷한 소리를 갖는 쉬운 발음입니다. 목구멍에서 공기를 뱉으면서 [흐]하고 발음하세요.

발음 연습하기 [보기]처럼 단어의 발음을 쓰고 읽어 보세요. 06-2

보기	hill	ㅎ+이+ㄹ	[힐]	언덕
	hold	☐+오우+ㄹ+ㄷ	❶ [ ]	잡다, 붙들다
	ham	☐+애+ㅁ	❷ [ ]	햄
	hide	☐+아이+ㄷ	❸ [ ]	숨다, 숨기다
	hang	☐+애+ㅇ	❹ [ ]	걸다, 매달다
	help	☐+에+ㄹ+ㅍ	❺ [ ]	돕다
	heart	☐+알-+ㅌ	❻ [ ]	마음, 심장
	hate	☐+에이+ㅌ	❼ [ ]	미워하다
	horse	☐+올-+ㅆ	❽ [ ]	말
	hug	☐+어+ㄱ	❾ [ ]	포옹하다
	have	☐+애+ㅂ	❿ [ ]	가지고 있다

발음 확인

정답 ❶ 호울드 ❷ 햄 ❸ 하읻 ❹ 행 ❺ 헬프 ❻ 할-트 ❼ 헤잍 ❽ 홀-쓰 ❾ 헉 ❿ 해브

해설 ❶ 호울드 -ld에서 l은 ㄹ 받침처럼 소리 나고, d는 [ㄷ] 소리를 약화시켜 발음합니다.

❹ 행 ng는 받침소리 ㅇ으로 발음합니다.

❿ 해브 v는 f와 마찬가지로 윗니를 아랫입술에 살짝 깨물 듯 댔다가 떼면서 부드럽게 [브]하고 발음합니다. b의 [브]가 아니니까 주의해서 발음하세요.

j

- 우리말 소리 ㅈ
- 발음 기호 [dʒ]

소리 익히기 j의 소리에 동그라미 치면서 단어를 읽어 보세요. 🎧 07-1

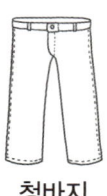
병, 항아리

jar   잘-   ㅈ+알-

청바지

jeans   진-즈   ㅈ+이-+ㄴ+ㅈ

주스

juice   주-쓰   ㅈ+우-+ㅆ

잼

jam   잼   ㅈ+애+ㅁ

💬 **이야기로 발음 익히기**

상쾌한 아침, 민자는 jeans와 빨간 티셔츠로 갈아 입고 jar에 담긴 딸기 jam을 발라 토스트를 먹었습니다. 목이 말라 신선한 juice도 꺼내 한 잔 마셨습니다.

발음 힌트

- j의 소리인 [dʒ]는 앞에서 배운 g의 소리이기도 한데, [즈]가 아니라 [쥐] 소리에 가깝습니다. 보다 정확히 발음하려면 jar은 [쥘-], jeans는 [쥔-즈], juice는 [쥬-쓰], jam은 [쥄]으로 입술을 앞으로 쭉 내민 상태에서 발음하면 됩니다.
- **jeans** 청바지는 발이 들어가는 부분이 두 개라 복수형을 만드는 s가 단어 끝에 붙는데, n처럼 성대가 울리는 유성음 뒤에 오는 s는 [즈]로 소리 납니다.

j는 우리말 ㅈ과 비슷한 소리가 나는데, 정확히는 '주'와 '쥐'의 중간 발음으로 소리 납니다. 먼저 '우' 소리를 내듯 입술을 동그랗게 모은 상태에서 [쥐]하고 성대를 울리며 발음하세요.

발음 연습하기 [보기]처럼 단어의 발음을 쓰고 읽어 보세요. 07-2

보기	jet	ㅈ + 에 + ㅌ	[젵]	제트기
	joy	☐ + 오이	❶ [ ]	기쁨, 환희
	June	☐ + 우- + ㄴ	❷ [ ]	6월
	just	☐ + 어 + ㅅ + ㅌ	❸ [ ]	딱, 바로
	jog	☐ + 아 + ㄱ	❹ [ ]	조깅하다
	jump	☐ + 어 + ㅁ + ㅍ	❺ [ ]	뛰어오르다
	jail	☐ + 에이 + ㄹ	❻ [ ]	교도소
	jeep	☐ + 이- + ㅍ	❼ [ ]	지프차
	jacket	☐ + 애 + ㅋ + 이 + ㅌ	❽ [ ]	재킷
	judge	☐ + 어 + 쥐	❾ [ ]	판사
	jelly	☐ + 에 + ㄹ + ㄹ + 이	❿ [ ]	젤리

발음 확인

정답 ❶ 조이 ❷ 준- ❸ 저스트 ❹ 작 ❺ 점프 ❻ 제일 ❼ 지-프 ❽ 재킽 ❾ 저쥐 ❿ 젤리

해설 ❷ 준- 6월은 달 이름이기 때문에 첫 글자를 대문자 J로 씁니다.
❾ 저쥐 단어 끝의 -dge는 d가 소리 나지 않습니다. 따라서 -ge와 마찬가지로 [쥐]로 발음합니다. bridge[브리쥐: 다리], edge[에쥐: 모서리]도 마찬가지입니다.

발음공식 08

k

- 우리말 소리 ㅋ
- 발음 기호 [k]

소리 익히기 k의 소리에 동그라미 치면서 단어를 읽어 보세요. 🎧 08-1

아이
kid   킫   ㅋ+이+ㄷ

연
kite   카잍   ㅋ+아이+ㅌ

요리하다
coo**k**   쿸   ㅋ+우+ㅋ

호수
la**k**e   레잌   ㄹ+에이+ㅋ

💬 **이야기로 발음 익히기**

주말 오후에 점심을 cook해서 먹고 lake으로 산책 나온 민자는 한 kid이 kite을 날리는 것을 보고 자신의 어린 시절을 문득 떠올렸습니다.

발음 힌트

- **cook** cook처럼 k가 단어 끝에 올 때는 [쿠크]하고 끝의 [ㅋ] 발음을 강하게 내면 안됩니다. [쿸]하고 약하게 공기만 밖으로 나오듯 ㅋ을 받침처럼 발음하세요.
- **lake** -ake는 cake[케잌: 케이크], make[메잌: 만들다], take[테잌: 잡다, 가져가다]에서 보듯 [에잌]으로 발음합니다. 끝의 e는 발음하지 않으므로, k를 끝소리로 읽으세요.

k는 c와 마찬가지로 우리말 ㅋ과 비슷한 소리를 냅니다. 목구멍 입구 쪽을 혀뿌리로 막았다가 공기를 터뜨리며 성대를 울리지 말고 [크]하고 발음하세요.

발음 연습하기   [보기]처럼 단어의 발음을 쓰고 읽어 보세요. 08-2

보기	king	ㅋ+이+ㅇ	[킹]	왕
	keep	□+이-+ㅍ	❶ [ ]	계속하다
	kick	□+이+ㅋ	❷ [ ]	발로 차다
	kind	□+아이+ㄴ+ㄷ	❸ [ ]	친절한
	kitchen	□+이+ㅊ+어+ㄴ	❹ [ ]	부엌
	kill	□+이+ㄹ	❺ [ ]	죽이다
	joke	ㅈ+오우+□	❻ [ ]	농담
	break	브르+에이+□	❼ [ ]	부수다, 깨다
	look	ㄹ+우+□	❽ [ ]	보다
	steak	스트+에이+□	❾ [ ]	스테이크
	bike	ㅂ+아이+□	❿ [ ]	자전거

발음 확인

정답 ❶ 키-프 ❷ 킥 ❸ 카인드 ❹ 키천 ❺ 킬 ❻ 조욱 ❼ 브레익 ❽ 룩 ❾ 스테익 ❿ 바익

해설 ❹ 키천   t는 묵음으로 소리 나지 않고, ch가 [ㅊ] 소리를 냅니다. e의 소리 [어]는 약한 [ə] 발음으로 [키츤]에 가깝게 발음하세요.

❿ 바익   -ike는 like[라익: 좋아하다], hike[하익: 하이킹하다]처럼 [아익]으로 발음합니다.

발음공식 09

l

- 우리말 소리 **ㄹ**
- 발음 기호 **[l]**

소리 익히기 l의 소리에 동그라미 치면서 단어를 읽어 보세요. 🎧 09-1

레몬	**l**emon	레먼	ㄹ+에+ㅁ+어+ㄴ
백합	**l**i**l**y	릴리	ㄹ+이+ㄹ+ㄹ+이
인형	do**ll**	달	ㄷ+아+ㄹ
미소 짓다, 미소	smi**l**e	스마일	스ㅁ+아이+ㄹ

💬 **이야기로 발음 익히기**

민자는 꽃집에서 lily를 사와서 도자기 doll 옆에 장식했습니다. 꽃 향기를 맡으며 상큼한 lemon차를 마시니, smile이 얼굴에 퍼졌습니다.

발음 힌트

- **lily/doll** l이 모음 뒤에 오면 혀끝을 윗니 뿌리 쪽에 붙이며 '발', '말'처럼 ㄹ 받침을 넣어 발음합니다. doll처럼 l이 두 개인 경우도 마찬가지입니다. l이 중간에 올 때도 앞 모음 소리에 ㄹ을 받침처럼 넣으므로 lily는 [리리]가 아니라 [릴리]라고 읽습니다.
- **smile** sm은 s의 [스] 소리와 m의 [므] 소리를 자연스럽게 이어서 발음합니다.

l은 우리말 ㄹ과 비슷한 소리를 냅니다. 혀끝을 윗니 바로 뒤쪽 잇몸에 붙였다 떼면서 [르]하고 발음하는데, 단어 앞에 올 때는 [(을)르]라고 발음한다고 생각하면 쉽습니다.

발음 연습하기   [보기]처럼 단어의 발음을 쓰고 읽어 보세요. 09-2

보기	life	ㄹ+아이+ㅍ	[라이프]	삶, 인생
	like	☐+아이+ㅋ	❶ [ ]	좋아하다
	love	☐+어+ㅂ	❷ [ ]	사랑하다
	lamp	☐+애+ㅁ+ㅍ	❸ [ ]	램프, 등
	lion	☐+아이+어+ㄴ	❹ [ ]	사자
	live	☐+이+ㅂ	❺ [ ]	살다
	loud	☐+아우+ㄷ	❻ [ ]	시끄러운
	line	☐+아이+ㄴ	❼ [ ]	선
	hole	ㅎ+오우+☐	❽ [ ]	구멍
	mall	ㅁ+오-+☐	❾ [ ]	쇼핑몰
	bowl	ㅂ+오우+☐	❿ [ ]	대접, 그릇

발음 확인

정답 ❶ 라익 ❷ 러브 ❸ 램프 ❹ 라이언 ❺ 리브 ❻ 라운 ❼ 라인 ❽ 호울 ❾ 몰- ❿ 보울

해설 ❸ 램프   단어 끝의 p는 [프] 소리를 약하게 덧붙이듯 발음하세요.
　　　❺ 리브   live가 '살아 있는, 생방송의'란 뜻의 형용사일 때는 [라이브]로 발음합니다.
　　　❾ 몰-   mall에서 [오-]는 [오]와 [어]의 중간 발음으로 길게 발음하세요.

미니강의 발음공식 10

m

- 우리말 소리   ㅁ
- 발음 기호   [m]

소리 익히기   m의 소리에 동그라미 치면서 단어를 읽어 보세요. 🎧 10-1

달

moon   문-   ㅁ+우-+ㄴ

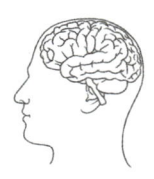
마음, 정신

mind   마인드   ㅁ+아이+ㄴ+ㄷ

엄마

mo**m**   맘   ㅁ+아+ㅁ

방

roo**m**   룸-   ㄹ+우-+ㅁ

💬 이야기로 발음 익히기

추석에 민자는 환하게 빛나는 **moon**을 보려고 **room**에서 나와 시골에 계신 **mom**과 가족의 건강을 바라며 **mind** 속 소원을 빌었습니다.

발음 힌트

- **mom/room** m이 단어 끝에 올 때는 dream[드림: 꿈], home[호움: 집]처럼 앞 모음 소리에 ㅁ을 받침으로 넣어 읽으세요.
- **mind** -ind는 [아인드]로 소리 나는데, n은 ㄴ 받침처럼 소리 나고 끝의 d는 약하게 덧붙이듯 [드] 소리를 냅니다. kind[카인드: 친절한]와 find[파인드: 찾다]도 함께 알아 두세요.

44

m은 우리말 ㅁ과 같은 소리를 냅니다. 소의 울음소리를 '음메~' 하고 흉내 내듯 성대를 울리며 [므]하고 발음하세요.

발음 연습하기 [보기]처럼 단어의 발음을 쓰고 읽어 보세요. 10-2

보기	make	ㅁ + 에이 + ㅋ	[메익]	만들다
	meal	□ + 이- + ㄹ	❶ [ ]	식사
	male	□ + 에이 + ㄹ	❷ [ ]	남성
	milk	□ + 이 + ㄹ + ㅋ	❸ [ ]	우유
	mix	□ + 이 + ㅋㅆ	❹ [ ]	섞다
	many	□ + 에 + ㄴ + 이	❺ [ ]	많은, 여러
	month	□ + 어 + ㄴ + ㅆ	❻ [ ]	(달력의) 달
	memo	□ + 에 + □ + 오우	❼ [ ]	메모
	drum	드ㄹ + 어 + □	❽ [ ]	북, 드럼
	same	ㅆ + 에이 + □	❾ [ ]	같은
	team	ㅌ + 이- + □	❿ [ ]	팀, 조

발음 확인

정답 ❶ 밀- ❷ 메일 ❸ 밀크 ❹ 믹쓰 ❺ 메니 ❻ 먼쓰 ❼ 메모우 ❽ 드럼 ❾ 쎄임 ❿ 팀-

해설 ❻ 먼쓰 th는 혀끝을 윗니와 아랫니 사이에 살짝 넣었다 빼면서 [쓰]하고 발음합니다.

❾ 쎄임 -ame은 [에임]으로 발음하는데, 끝의 e는 소리 나지 않습니다. name[네임: 이름], game[게임: 경기]도 함께 알아 두세요.

발음 공식 11

n

- 우리말 소리 ㄴ
- 발음 기호 [n]

소리 익히기 n의 소리에 동그라미 치면서 단어를 읽어 보세요. 🎧 11-1

| | nose | 노우즈 | ㄴ+오우+ㅈ |

코

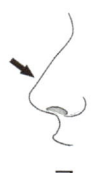 nurse 널−쓰 ㄴ+얼−+ㅆ

간호사

 noon 눈− ㄴ+우−+ㄴ

정오, 낮 12시

 nine 나인 ㄴ+아이+ㄴ

아홉, 9

💬 **이야기로 발음 익히기**

도진은 환절기가 되자 nose도 막히고 콧물도 나와서 noon에 병원에 갔습니다. nurse에게 주사를 맞고 약을 먹은 후, 밤 nine시에 일찍 잠자리에 들었습니다.

발음 힌트

- **noon** n이 단어 끝에 올 때는 man[맨: 남자], fun[펀: 즐거움]처럼 앞 모음 소리에 ㄴ을 받침으로 넣어 읽으세요.
- **nine** 'i+자음+e'에서 i는 [아이]로 발음하는데, 끝의 e는 소리가 나지 않습니다. -ine은 line[라인: 선, 줄], pine[파인: 소나무], fine[파인: 좋은]에서 보듯 [아인]으로 발음합니다.

n = ㄴ

n은 우리말 ㄴ과 유사한 소리를 냅니다. 혀끝을 윗니 뒤쪽 잇몸에 붙인 상태에서 콧소리를 내듯 [느]하고 발음하세요.

발음 연습하기 [보기]처럼 단어의 발음을 쓰고 읽어 보세요. 11-2

보기	단어	분해	발음	뜻
보기	nap	ㄴ+애+ㅍ	[냅]	낮잠
	new	□+우-	❶ [ ]	새로운
	name	□+에이+ㅁ	❷ [ ]	이름
	need	□+이-+ㄷ	❸ [ ]	필요로 하다
	now	□+아우	❹ [ ]	지금
	nail	□+에이+ㄹ	❺ [ ]	손톱
	net	□+에+ㅌ	❻ [ ]	그물
	land	ㄹ+애+□+ㄷ	❼ [ ]	육지, 땅
	pain	ㅍ+에이+□	❽ [ ]	통증, 고통
	son	ㅆ+어+□	❾ [ ]	아들
	hen	ㅎ+에+□	❿ [ ]	암탉

발음 확인

정답 ❶ 누- ❷ 네임 ❸ 니-드 ❹ 나우 ❺ 네일 ❻ 넽 ❼ 랜드 ❽ 페인 ❾ 썬 ❿ 헨

해설 ❶ 누- new를 영국에서는 [뉴-]로 발음하지만, 미국에서는 주로 [누-]로 발음합니다.

❽ 페인 -ain은 [에인]으로 발음합니다. rain[레인: 비], gain[게인: 얻다], train[트레인: 기차]도 마찬가지입니다.

미니강의 발음공식 **12**

p

- 우리말 소리   ㅍ
- 발음 기호   [p]

소리 익히기   p의 소리에 동그라미 치면서 단어를 읽어 보세요. 12-1

펜

pen   펜   ㅍ+에+ㄴ

피아노

piano   피애노우   ㅍ+이+애+ㄴ+오우

컵

cu**p**   컵   ㅋ+어+ㅍ

손뼉 치다

cla**p**   클램   클ㄹ+애+ㅍ

💬 **이야기로 발음 익히기**

민자는 목이 말라서 cup으로 물을 한 잔 마시고 piano를 쳤습니다. 민자가 연주를 마치자 pen으로 편지를 쓰고 있던 도진이 clap하며 감탄했습니다.

발음 힌트

- **piano** 모음 소리가 3개 있는 3음절 단어로, i는 [이], a는 [애], o는 [오우]로 각각 소리 납니다. '피아노'라고 발음하지 않게 주의하세요.
- **cup/clap** p가 단어 끝에 올 때는 [ㅍ] 소리를 앞 모음 소리의 받침처럼 넣어 발음합니다. 한국어에는 ㅍ 받침소리가 없어서 발음하기 어려울 수 있는데, 끝소리를 성대를 울리지 않고 공기만 살짝 나오듯 [프]하고 발음해 주면 됩니다.

p는 우리말 ㅍ 소리와 비슷합니다. 두 입술을 붙인 상태에서 가볍게 숨을 들이마셨다가 공기를 내뱉으며 성대가 울리지 않게 [프]하고 소리 내세요.

발음 연습하기 [보기]처럼 단어의 발음을 쓰고 읽어 보세요. 🎧 12-2

보기	pay	ㅍ + 에이	[페이]	지불하다
	pig	☐ + 이 + ㄱ	❶ [ ]	돼지
	park	☐ + 알- + ㅋ	❷ [ ]	공원
	pin	☐ + 이 + ㄴ	❸ [ ]	핀, 머리핀
	pool	☐ + 우- + ㄹ	❹ [ ]	수영장
	push	☐ + 우 + 쉬	❺ [ ]	밀다
	pet	☐ + 에 + ㅌ	❻ [ ]	애완동물
	deep	ㄷ + 이- + ☐	❼ [ ]	깊은
	soup	ㅆ + 우- + ☐	❽ [ ]	수프, 죽
	step	ㅅㅌ + 에 + ☐	❾ [ ]	단계
	camp	ㅋ + 애 + ㅁ + ☐	❿ [ ]	캠프, 야영

발음 확인

정답 ❶ 픽 ❷ 팔-크 ❸ 핀 ❹ 풀- ❺ 푸쉬 ❻ 펟 ❼ 디-프 ❽ 쑤-프 ❾ 스텦 ❿ 캠프

해설 ❹ 풀-   pool에서 oo는 긴 [우-] 소리가 나는데요, 발음이 비슷한 pull[풀: 당기다]은 짧은 [우] 소리가 나므로 함께 알아 두세요.

❿ 캠프   -mp에서 m은 앞 모음의 받침처럼 발음하고, p는 약하게 [프]로 발음합니다.

미니강의 발음공식 **13**

q

- 우리말 소리   크우
- 발음 기호   [kw]

소리 익히기 q의 소리에 동그라미 치면서 단어를 읽어 보세요. 🎧 13-1

조용한

quiet   크와이엍   크우+아이+어+ㅌ

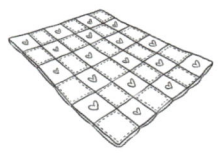
누비이불

quilt   크윌트   크우+이+ㄹ+ㅌ

메추라기

quail   크웨일   크우+에이+ㄹ

퀴즈

quiz   크위즈   크우+이+ㅈ

💬 이야기로 발음 익히기

민자는 quiet한 늦가을 오후에 텔레비전으로 quiz쇼를 보면서 quail 문양이 들어간 quilt를 만들었습니다.

발음 힌트

■ q는 뒤에 어떤 모음 소리가 오느냐에 따라 다양하게 소리 납니다. 뒤에 [아] 소리가 오면 [kwa: 크와], [이] 소리가 오면 [kwi: 크위], [에] 소리가 오면 [kwe: 크웨], [오] 소리가 오면 [kwɔ: 크워], [오우] 소리가 오면 [kwou: 크워우]처럼 발음하세요. 빨리 읽으면 [콰], [퀴], [퀘], [쿼], [쿼우]처럼도 들립니다.

q 뒤에는 항상 u가 오는데, '우'소리를 내듯 입을 앞으로 동그랗게 모았다가 하나의 소리처럼 빠르게 [크우]하고 발음합니다.

발음 연습하기
[보기]처럼 단어의 발음을 쓰고 읽어 보세요. 🎧 13-2

보기	quick	크우 + 이 + ㅋ	[크윅]	빠른, 빨리
	queen	☐ + 이– + ㄴ	❶ [ ]	여왕
	quit	☐ + 이 + ㅌ	❷ [ ]	그만두다
	quality	☐ + 아 + ㄹ + 러 + ㅌ + 이	❸ [ ]	질, 성질
	quite	☐ + 아이 + ㅌ	❹ [ ]	꽤, 아주
	quota	☐ + 오우 + ㅌ + 어	❺ [ ]	할당, 정원
	quarter	☐ + 올– + ㅌ + 얼	❻ [ ]	4분의 1
	question	☐ + 에 + ㅅ + ㅊ + 어 + ㄴ	❼ [ ]	질문
	request	ㄹ + 이 + ☐ + 에 + ㅅ + ㅌ	❽ [ ]	요청, 요구
	liquid	ㄹ + 이 + ☐ + 이 + ㄷ	❾ [ ]	액체
	equal	이– + ☐ + 어 + ㄹ	❿ [ ]	평등한

발음 확인

정답 ❶ 크윈– ❷ 크윝 ❸ 크왈러티 ❹ 크와일 ❺ 크워우터 ❻ 크월–털 ❼ 크웨스천
❽ 리크웨스트 ❾ 리크윋 ❿ 이–크월

해설 ❻ 크월–털 '모음+r'은 혀를 입천장에 닿지 않게 안쪽으로 구부리면서 발음합니다.
❼ 크웨스천 -tion은 [티온]이라고 발음하지 않고, digestion[다이제스천: 소화]처럼 [천]이나 station [스테이션: 역]처럼 [션]으로 발음합니다.

51

발음 공식 14

r

- 우리말 소리   ㄹ
- 발음 기호   [r]

소리 익히기   r의 소리에 동그라미 치면서 단어를 읽어 보세요. 🎧 14-1

비, 비가 오다

rain   레인   ㄹ+에이+ㄴ

장미

rose   로우즈   ㄹ+오우+ㅈ

휴식, 쉬다

rest   레스트   ㄹ+에+ㅅ+ㅌ

강

rive**r**   리벌   ㄹ+이+ㅂ+얼

💬 **이야기로 발음 익히기**

친구와 river에 놀러 간 민자는 rose가 활짝 핀 강둑을 산책했습니다. 그때 갑자기 rain이 내리기 시작해서 카페 안으로 들어가 rest했습니다.

발음 힌트

■ **river** r이 단어 끝에 오면 ㄹ 받침처럼 소리 나는데, 이때 혀끝을 목구멍 쪽으로 가볍게 말며 발음해야 합니다. 혀끝이 윗니에 닿는 l 발음과는 달리 혀끝이 입천장에 닿으면 안 됩니다. er은 [얼]로 소리가 나는데, '모음+r' 발음은 160쪽~165쪽을 참고하세요.

r은 우리말 ㄹ과 비슷한 소리를 갖지만, 한국어에는 없는 발음입니다. 혀끝을 입천장에 닿지 않게 안쪽으로 말아서 [으르]하고 발음하세요.

발음 연습하기 [보기]처럼 단어의 발음을 쓰고 읽어 보세요. 🎧 14-2

보기	ride	ㄹ +아이+ㄷ	[라이ㄷ]	(차량에) 타다
	read	☐ +이-+ㄷ	❶ [ ]	읽다
	rat	☐ +애+ㅌ	❷ [ ]	쥐
	roll	☐ +오우+ㄹ	❸ [ ]	굴러가다
	run	☐ +어+ㄴ	❹ [ ]	달리다
	ram	☐ +애+ㅁ	❺ [ ]	숫양
	rug	☐ +어+ㄱ	❻ [ ]	깔개
	real	☐ +이-+어+ㄹ	❼ [ ]	진짜의
	rock	☐ +아+ㅋ	❽ [ ]	바위
	robot	☐ +오우+ㅂ+어+ㅌ	❾ [ ]	로봇
	rabbit	☐ +애+ㅂ+이+ㅌ	❿ [ ]	토끼

발음 확인

정답 ❶ 리-드 ❷ 랟 ❸ 로울 ❹ 런 ❺ 램 ❻ 럭 ❼ 리-얼 ❽ 락 ❾ 로우벝 ❿ 래빋

해설 ❶ 리-드 ea는 긴 [이-] 소리가 나므로 [리-드]하고 모음 소리를 길게 해서 발음하세요.
    ❸ 로울 r은 혀가 입천장에 닿지 않게, l은 혀끝을 윗니 뒤에 갖다 대며 발음하세요.
    ❿ 래빋 단어 중간에 b가 두 개 있지만 한 번만 [ㅂ] 소리를 냅니다.

미니강의 발음공식 15

S

- 우리말 소리 ㅅ·ㅆ ㅈ
- 발음 기호 [s] [z]

소리 익히기 s의 소리에 동그라미 치면서 단어를 읽어 보세요. 🎧 15-1

해, 태양

sun 썬 ㅆ+어+ㄴ

모래

sand 쌘드 ㅆ+애+ㄴ+ㄷ

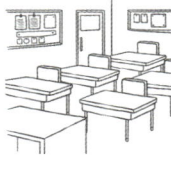
학급, 수업

class 클래쓰 클ㄹ+애+ㅆ

솟아오르다

rise 라이즈 ㄹ+아이+ㅈ

💬 이야기로 발음 익히기

민자는 문화센터의 같은 class 친구들과 동해로 놀러 왔습니다. 그들은 sun이 rise하는 바닷가의 sand밭에서 멋진 포즈를 취하며 기념 사진을 찍었습니다.

발음 힌트

- **class** ss로 끝나는 단어는 공기를 내보내며 된소리 [쓰]에 가깝게 발음합니다. pass[패쓰: 통과하다], grass[그래쓰: 풀], dress[드레쓰: 드레스]도 마찬가지입니다.
- **rise** e는 여기서 소리가 나지 않는데요, 단어 끝의 -se는 이렇게 [즈]로 소리 날 때도 있지만, base[베이쓰: 기초]처럼 [쓰]로 소리 날 때도 있으니 주의하세요.

54

S = ㅅ·ㅆ / ㅈ

s는 우리말 ㅅ 소리와 비슷한데, 뒤에 모음이 오거나 단어 끝에 올 때는 혀끝을 이에 대고 공기를 내보내며 [쓰]하고 된소리로 발음합니다. 한편 s는 ㅈ처럼 [즈]로 소리 날 때도 있습니다.

발음 연습하기   [보기]처럼 단어의 발음을 쓰고 읽어 보세요.   🎧 15-2

보기	send	ㅆ + 에 + ㄴ + ㄷ	[쎈드]	보내다
	side	☐ + 아이 + ㄷ	❶ [ ]	측면, 면
	sale	☐ + 에이 + ㄹ	❷ [ ]	판매, 세일
	seat	☐ + 이- + ㅌ	❸ [ ]	좌석, 자리
	miss	ㅁ + 이 + ☐	❹ [ ]	놓치다

보기	pose	ㅍ + 오우 + ㅈ	[포우즈]	자세, 포즈
	close	클ㄹ + 오우 + ☐	❺ [ ]	(문을) 닫다
	music	ㅁ + 유- + ☐ + 이 + ㅋ	❻ [ ]	음악
	busy	ㅂ + 이 + ☐ + 이	❼ [ ]	바쁜
	easy	이- + ☐ + 이	❽ [ ]	쉬운

발음 확인

정답 ❶ 싸일   ❷ 쎄일   ❸ 씨-트   ❹ 미쓰   ❺ 클로우즈   ❻ 뮤-직   ❼ 비지   ❽ 이-지

해설 ❸ 씨-트   ea는 길게 [이-] 소리를 내는데, 끝의 t는 약화시켜 [씨잍]에 가깝게 발음하세요. 참고로 발음이 비슷한 sit[앁: 앉다]의 i는 짧은 [이]로 발음합니다.

❺ 클로우즈   close는 '가까운'이란 뜻도 있는데, 이때는 [클로우쓰]로 발음합니다.

발음공식 16

t

- 우리말 소리 ㅌ
- 발음 기호 [t]

소리 익히기 t의 소리에 동그라미 치면서 단어를 읽어 보세요. 🎧 16-1

차, 찻잎

tea   티-   ㅌ+이-

탁자, 식탁

table   테이블   ㅌ+에이+ㅂ+ㄹ

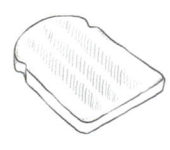
토스트

toast   토우스트   ㅌ+오우+ㅅ+ㅌ

견과

nut   넡   ㄴ+어+ㅌ

💬 이야기로 발음 익히기

민자는 친구와 함께 table에 앉아 tea를 마시며 이야기를 나눴습니다. 간식으로 고소한 nut과 딸기잼을 바른 toast도 맛있게 먹었습니다.

발음 힌트

- **toast** 단어 끝에 오는 st는 fast[패스트: 빠른], east[이-스트: 동쪽]에서 보듯 약하게 [스트]로 발음합니다. [으] 소리를 강하게 내지 않도록 주의하세요.
- **nut** t가 모음 뒤에 올 때는 ㅌ 소리를 받침으로 넣어 foot[풑: 발], eat[잍: 먹다]처럼 발음합니다. 한국어에서는 '밭'을 그냥 [받]으로 발음하듯 받침 ㅌ은 ㄷ으로 발음되는데요, 영어에서는 끝에서 약하게 [트] 소리를 낸다고 생각하고 발음해 보세요.

t는 우리말 ㅌ 소리와 비슷합니다. 혀끝을 윗니 뒤쪽 입천장에 붙였다 떼면서 성대를 울리지 않고 [트]하고 발음하세요.

발음 연습하기   [보기]처럼 단어의 발음을 쓰고 읽어 보세요. 🎧 16-2

보기	단어	발음 기호	발음	뜻
보기	top	ㅌ+아+ㅍ	[탑]	정상, 맨 위
	ten	□+에+ㄴ	❶ [ ]	10, 열
	tall	□+오-+ㄹ	❷ [ ]	키가 큰
	toe	□+오우	❸ [ ]	발가락
	talk	□+오-+ㅋ	❹ [ ]	말하다
	test	□+에+ㅅ+ㅌ	❺ [ ]	시험
	hotel	ㅎ+오우+□+에+ㄹ	❻ [ ]	호텔
	salt	ㅆ+오-+ㄹ+□	❼ [ ]	소금
	list	ㄹ+이+ㅅ+□	❽ [ ]	목록
	hot	ㅎ+아+□	❾ [ ]	뜨거운, 더운
	put	ㅍ+우+□	❿ [ ]	놓다, 두다

발음 확인

정답 ❶ 텐 ❷ 톨- ❸ 토우 ❹ 토-ㅋ ❺ 테스트 ❻ 호우텔 ❼ 쏠-트 ❽ 리스트 ❾ 핱 ❿ 풑

해설 ❷ 톨-   -all은 ball[볼-: 공], mall[몰-: 쇼핑몰]에서 보듯 [올-]로 길게 발음합니다.

❹ 토-ㅋ   여기서 l은 소리가 안 나는 묵음입니다. 예외적으로 l은 k 앞에서 아무 소리도 안 날 때가 있는데, walk[워크: 걷다]도 마찬가지입니다.

❼ 쏠-트   t는 끝에서 약하게 [트] 소리를 냅니다.

발음공식 17

v

- 우리말 소리 ㅂ
- 발음 기호 [v]

소리 익히기 v의 소리에 동그라미 치면서 단어를 읽어 보세요. 17-1

조끼

vest 베스트 ㅂ+에+ㅅ+ㅌ

방문하다

visit 비짙 ㅂ+이+ㅈ+이+ㅌ

목소리

voice 보이쓰 ㅂ+오이+ㅆ

다섯

fi**v**e 파이브 ㅍ+아이+ㅂ

💬 이야기로 발음 익히기

민자는 오랜만에 음악회장을 visit했습니다. 검은색 vest를 입은 성악가 five 명이 오케스트라 반주에 맞춰 멋진 voice로 노래를 불렀습니다.

발음 힌트

- **vest/visit** 앞에서 s는 두 개의 소리를 갖는다고 배웠는데요, vest의 s는 [ㅅ]로 소리 나지만 visit의 s는 [ㅈ]로 소리 납니다.
- **five** 단어가 -ve로 끝날 때는 끝의 e는 소리가 나지 않고, v만 윗니를 아랫입술에 붙였다 떼면서 약하게 [브]로 발음합니다. glove[글러브: 장갑], olive[알리브: 올리브]처럼 읽어 보세요.

v는 우리말 ㅂ 소리와 비슷하지만 b와는 전혀 다른 소리를 냅니다. v는 두 입술을 붙이지 말고, f처럼 윗니를 아랫입술에 붙인 상태에서 성대를 울리면서 [브]하고 발음합니다.

발음 연습하기 [보기]처럼 단어의 발음을 쓰고 읽어 보세요. 🎧 17-2

보기	vet	ㅂ+에+ㅌ	[벹]	수의사
	van	☐+애+ㄴ	❶ [ ]	밴, 유개 트럭
	vote	☐+오우+ㅌ	❷ [ ]	투표하다
	very	☐+에+ㄹ+이	❸ [ ]	매우
	view	☐+유-	❹ [ ]	전망, 풍경
	vain	☐+에이+ㄴ	❺ [ ]	헛된
	cover	ㅋ+어+☐+얼	❻ [ ]	덮다
	dove	ㄷ+어+☐	❼ [ ]	비둘기
	cave	ㅋ+에이+☐	❽ [ ]	동굴
	leave	ㄹ+이-+☐	❾ [ ]	출발하다
	give	ㄱ+이+☐	❿ [ ]	주다

발음 확인

정답 ❶ 밴 ❷ 보울 ❸ 베리 ❹ 뷰- ❺ 베인 ❻ 커벌 ❼ 더브 ❽ 케이브 ❾ 리-브 ❿ 기브

해설 ❻ 커벌   er은 [얼] 소리가 나므로 ver은 [벌]로 발음합니다. river[리벌: 강], silver[씰벌: 은], fever[피-벌: 열]도 마찬가지입니다.

❽ 케이브   -ave는 brave[브레이브: 용감한], save[쎄이브: 절약하다]처럼 [에이브]로 발음합니다.

미니강의 발음공식 **18**

w

- 우리말 소리   우
- 발음 기호   [w]

소리 익히기   w의 소리에 동그라미 치면서 단어를 읽어 보세요.   🎧 18-1

길, 도로

way   웨이   우+에이

손목시계

watch   와취   우+아+취

일하다

work   월-크   우+얼-+ㅋ

바람

wind   윈드   우+이+ㄴ+ㄷ

💬 **이야기로 발음 익히기**

며칠 내내 열심히 **work**한 도진은 시원한 **wind**가 부는 주말에 새로 산 **watch**를 차고 가을 여행을 왔습니다. 가을 낙엽이 떨어진 **way**의 풍경이 정말 멋졌습니다.

발음 힌트

- w는 뒤에 오는 모음 소리에 따라 발음이 달라집니다. 뒤에 [아] 소리가 오면 [wa: 와], [이] 소리가 오면 [wi: 위], [에] 소리가 오면 [we: 웨], [우] 소리가 오면 [wu: 우], [어] 소리가 오면 [wə: 워], [오] 소리가 오면 [wɔ: 워]로 소리 납니다.
- **watch** -tch는 예외적으로 t는 소리 나지 않고 ch만 [취]로 소리 납니다. catch[캐취: 붙잡다], switch[스위취: 스위치]도 마찬가지입니다.

w는 자음 취급하지만 모음의 소리를 갖고 있어 반모음, 또는 반자음이라고 불립니다. 우리말 [우] 소리와 비슷한데, 뒤에 오는 모음과 결합해 [와], [워], [위], [웨], [우]로 소리 납니다.

발음 연습하기 [보기]처럼 단어의 발음을 쓰고 읽어 보세요. 🎧 18-2

보기	wise	우 + 아이 + 즈	[와이즈]	현명한
	web	□ + 에 + ㅂ	❶ [ ]	거미줄
	wash	□ + 아 + 쉬	❷ [ ]	씻다
	wig	□ + 이 + ㄱ	❸ [ ]	가발
	wolf	□ + 우 + ㄹ + ㅍ	❹ [ ]	늑대
	west	□ + 에 + ㅅ + ㅌ	❺ [ ]	서쪽
	well	□ + 에 + ㄹ	❻ [ ]	잘, 충분히
	weak	□ + 이- + ㅋ	❼ [ ]	약한
	wing	□ + 이 + ㅇ	❽ [ ]	날개
	wet	□ + 에 + ㅌ	❾ [ ]	젖은
	window	□ + 이 + ㄴ + ㄷ + 오우	❿ [ ]	창문

발음 확인

정답 ❶ 웹 ❷ 와쉬 ❸ 윅 ❹ 울프 ❺ 웨스트 ❻ 웰 ❼ 위-크 ❽ 윙 ❾ 웰 ❿ 윈도우

해설 ❷ 와쉬 wash는 [워쉬]라고 발음하기도 합니다.
❹ 울프 w의 [w: 우] 소리가 모음 u의 [u: 우] 소리와 만나 [울프]로 발음합니다.
❿ 윈도우 ow는 low[로우: 낮은], grow[그로우: 자라다]에서 보듯 [오우]로 소리 납니다.

미니강의 발음공식 19

X

- 우리말 소리   ㅋㅆ   ㄱㅈ
- 발음 기호   [ks] [gz]

소리 익히기   x의 소리에 동그라미 치면서 단어를 읽어 보세요.   🎧 19-1

상자

box   박쓰   ㅂ+아+ㅋㅆ

여우

fox   팍쓰   ㅍ+아+ㅋㅆ

택시

taxi   택씨   ㅌ+애+ㅋㅆ+이

시험

exam   익잼   이+ㄱㅈ+애+ㅁ

💬 **이야기로 발음 익히기**

추운 겨울날, 민자는 옷 box 안에 있던 fox 목도리를 꺼내 두르고, 컴퓨터 자격증 exam을 보기 위해 taxi를 타고 시험장으로 갔습니다.

발음 힌트

- **box/fox** x가 단어 끝에 올 때는 주로 [ㅋㅆ]로 소리나는데, [ㅋ] 발음은 앞 모음과 연결되어 받침처럼 발음되고 끝의 [ㅆ]는 약하게 소리 납니다.
- x가 단어의 첫 글자로 오면 [ㅈ] 소리를 냅니다. 일상생활에서 쓰는 단어 중에는 x로 시작하는 단어가 거의 없으므로 xylophone[자일러포운: 실로폰]만 기억해 두세요.

X = ㅋㅆ / ㄱㅈ

x는 주로 [ㅋㅆ]나 [ㄱㅈ]로 발음되는데, 이때 [ㅋ]와 [ㄱ] 소리는 약하게 발음합니다. 드물지만 x가 단어의 첫 글자로 올 때는 [ㅈ]로도 소리 납니다.

발음 연습하기   [보기]처럼 단어의 발음을 쓰고 읽어 보세요. 🎧 19-2

보기	ox	아 + ㅋㅆ	[악쓰]	황소
	six	ㅆ + 이 + ☐	❶ [ ]	여섯, 6
	tax	ㅌ + 애 + ☐	❷ [ ]	세금
	next	ㄴ + 에 + ☐ + ㅌ	❸ [ ]	다음의
	extra	에 + ☐ + 트ㄹ + 어	❹ [ ]	여분의

보기	exact	이 + ㄱㅈ + 애 + ㅋ + ㅌ	[익잭트]	정확한
	exist	이 + ☐ + 이 + ㅅ + ㅌ	❺ [ ]	존재하다
	exit	에 + ☐ + 이 + ㅌ	❻ [ ]	출구
	exile	에 + ☐ + 아이 + ㄹ	❼ [ ]	망명, 추방
	example	이 + ☐ + 애 + ㅁ + ㅍ + ㄹ	❽ [ ]	예, 보기

발음 확인

정답 ❶ 씩쓰 ❷ 택쓰 ❸ 넥쓰트 ❹ 엑쓰트러 ❺ 익지스트 ❻ 엑짙 ❼ 엑자일 ❽ 익잼플

해설 ❹ 엑쓰트러 단어 중간의 tr은 t의 [ㅌ]와 r의 [ㄹ] 소리를 부드럽게 이어서 소리 내세요.
❻ 엑짙 exit은 [엑짙]과 [엑씯]으로 모두 발음할 수 있습니다.
❽ 익잼플 단어 끝의 -ple는 p의 [ㅍ] 소리에 l의 [ㄹ] 소리가 받침처럼 들어가서 people [피플: 사람들], apple [애플: 사과]처럼 [플]로 발음합니다.

y

- 우리말 소리 이
- 발음 기호 [j]

소리 익히기 y의 소리에 동그라미 치면서 단어를 읽어 보세요. 🎧 20-1

어린, 젊은

young   영   이+어+ㅇ

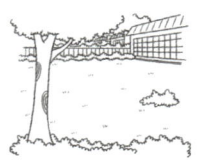
마당

yard   야-드   이+알-+ㄷ

요가

yoga   요우거   이+오우+ㄱ+어

하품하다

yawn   욘-   이+오-+ㄴ

💬 이야기로 발음 익히기

민자는 문화센터에서 **young** 강사에게 **yoga**를 배우고 있습니다. 하루는 너무 피곤해서 **yawn**을 하며 집 앞에 있는 **yard**에 나가 운동을 했습니다.

발음 힌트

- y의 [j] 소리는 뒤에 오는 모음 소리에 따라 다양하게 발음됩니다. 뒤에 [아] 소리가 오면 [ja: 야], [이] 소리가 오면 [ji: 이], [에] 소리가 오면 [je: 예], [애] 소리가 오면 [jæ: 얘], [오] 소리가 오면 [jo: 요], [오우] 소리가 오면 [jou: 요우], [어] 소리가 오면 [jʌ: 여], [우] 소리가 오면 [ju: 유]처럼 발음하세요.
- **young** -ng는 song[쏭-: 노래], ring[링: 반지]에서 보듯 ㅇ 받침으로 소리 납니다.

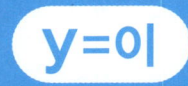

y는 w처럼 자음 취급하지만 모음의 소리를 갖고 있는 반모음 및 반자음입니다. 우리말 [이] 소리와 비슷한데, 뒤에 오는 모음에 따라 [야], [여], [요], [유], [예], [이]로 발음합니다.

발음 연습하기   [보기]처럼 단어의 발음을 쓰고 읽어 보세요. 🎧 20-2

보기	yes	이+에+ㅆ	[예쓰]	네, 그래요
	yell	☐+에+ㄹ	❶ [ ]	소리 지르다
	year	☐+이얼	❷ [ ]	연도, 해
	your	☐+우얼	❸ [ ]	당신의
	yellow	☐+에+ㄹ+ㄹ+오우	❹ [ ]	노란색
	yet	☐+에+ㅌ	❺ [ ]	아직
	you	☐+우	❻ [ ]	당신, 너
	youth	☐+우-+ㅆ	❼ [ ]	젊음
	yacht	☐+아+ㅌ	❽ [ ]	요트
	yummy	☐+어+ㅁ+이	❾ [ ]	아주 맛있는
	yield	☐+이-+ㄹ+ㄷ	❿ [ ]	양도하다

발음 확인

정답 ❶ 옐 ❷ 이얼 ❸ 유얼 ❹ 옐로우 ❺ 옡 ❻ 유 ❼ 유-쓰 ❽ 얕 ❾ 여미 ❿ 일-드

해설 ❷ 이얼   y의 [j: 이] 소리가 ear의 [iər: 이얼] 소리와 만나 [이얼]로 발음합니다.

❼ 유-쓰   단어 끝의 th는 혀끝을 살짝 물었다 빼면서 [쓰]로 발음하세요.

❽ 얕   yacht에서 중간의 ch는 예외적으로 아무 소리도 나지 않습니다.

미니강의 발음공식 21

-y

- 우리말 소리 **아이 이**
- 발음 기호 **[ai] [i]**

소리 익히기 -y의 소리에 동그라미 치면서 단어를 읽어 보세요. 🎧 21-1

하늘

sk y   스카이   스ㅋ+아이

(기름에) 튀기다

fr y   프라이   프ㄹ+아이

사탕

cand y   캔디   ㅋ+애+ㄴ+ㄷ+이

파티

part y   팔-티   ㅍ+알-+ㅌ+이

💬 **이야기로 발음 익히기**

민자는 아침식사로 감자를 fry해서 먹고 후식으로 candy를 먹은 다음에 친구의 생일 party에 갔습니다. sky가 푸르고 맑아 기분이 아주 좋았습니다.

발음 힌트

■ **sky/fry** sk와 fr은 두 개의 자음이 연달아 나오는 이중자음입니다. sk는 s의 [ㅅ]와 k의 [ㅋ] 소리가 합쳐져서 [스ㅋ]로 소리 나며, fr은 f의 [ㅍ] 소리와 r의 [ㄹ] 소리가 합쳐져서 [프ㄹ]로 소리 납니다. 이런 이중자음 뒤에 오는 y는 주로 [아이]로 발음됩니다.

y = 아이/이

y가 자음 뒤에 오면 모음 역할을 합니다. 앞에 있는 자음 소리와 결합해 모음 소리인 [아이] 또는 [이]로 소리 나지요.

발음 연습하기   [보기]처럼 단어의 발음을 쓰고 읽어 보세요. 🎧 21-2

보기	**my**	ㅁ + 아이	[마이]	나의
	by	ㅂ + ☐	❶ [ ]	~옆에
	cry	크ㄹ + ☐	❷ [ ]	울다
	fly	플ㄹ + ☐	❸ [ ]	날다
	try	트ㄹ + ☐	❹ [ ]	노력하다
보기	**body**	ㅂ + 아 + ㄷ + 이	[바디]	몸
	heavy	ㅎ + 에 + ㅂ + ☐	❺ [ ]	무거운
	copy	ㅋ + 아 + ㅍ + ☐	❻ [ ]	복사, 베끼다
	ready	ㄹ + 에 + ☐ + 이	❼ [ ]	준비된
	only	오우 + ㄴ + ㄹ + ☐	❽ [ ]	오직, 단지

발음 확인

정답 ❶ 바이 ❷ 크라이 ❸ 플라이 ❹ 트라이 ❺ 헤비 ❻ 카피 ❼ 레디 ❽ 오운리

해설 ❸ 플라이   fl은 f의 [ㅍ]와 l의 [ㄹ] 소리가 합쳐져서 [플ㄹ]로 발음합니다.
  ❺ 헤비   [헤비]에서 [비]는 윗니를 아랫입술에 갖다 대고 발음하세요.
  ❽ 오운리   앞의 o는 알파벳 이름 그대로 [오우]로 소리 납니다.

Z

- 우리말 소리　ㅈ
- 발음 기호　[z]

소리 익히기　z의 소리에 동그라미 치면서 단어를 읽어 보세요.　🎧 22-1

동물원

zoo　주-　ㅈ+우-

얼룩말

zebra　지-브러　ㅈ+이-+브ㄹ+어

게으른

la**z**y　레이지　ㄹ+에이+ㅈ+이

크기, 치수

si**z**e　싸이즈　ㅆ+아이+ㅈ

💬 이야기로 발음 익히기

도진은 오랜만에 zoo에 갔습니다. 멋진 zebra와 lazy한 나무늘보도 보고, 다양한 size의 동물도 구경하며 즐거운 시간을 보냈습니다.

발음 힌트

- **zebra** 단어 중간에 들어가는 br은 b의 [ㅂ] 소리와 r의 [ㄹ] 소리를 자연스럽게 연결해서 [브ㄹ]로 발음하세요.
- **size** -ze로 끝나는 단어는 e를 발음하지 않고 doze[도우즈: 졸다]처럼 끝에서 [즈] 소리만 약하게 냅니다.

Z = ㅈ

z는 우리말 ㅈ과 비슷한 소리를 냅니다. 먼저 '으' 소리를 내듯 입을 양옆으로 벌린 상태에서 혀끝을 이에 대고 혀끝이 간질간질할 정도로 성대를 울리며 [즈]하고 발음하세요.

발음 연습하기 [보기]처럼 단어의 발음을 쓰고 읽어 보세요.  22-2

보기	zip	ㅈ + 이 + ㅍ	[집]	지퍼로 잠그다
	zoom	☐ + 우- + ㅁ	❶ [ ]	급등하다
	zero	☐ + 이 + ㄹ + 오우	❷ [ ]	0, 영
	razor	ㄹ + 에이 + ☐ + 얼	❸ [ ]	면도기
	dozen	ㄷ + 어 + ☐ + 어 + ㄴ	❹ [ ]	12개
	lizard	ㄹ + 이 + ☐ + 얼 + ㄷ	❺ [ ]	도마뱀
	maze	ㅁ + 에이 + ☐	❻ [ ]	미로, 미궁
	prize	프ㄹ + 아이 + ☐	❼ [ ]	상, 상품
	gaze	ㄱ + 에이 + ☐	❽ [ ]	응시하다
	cozy	ㅋ + 오우 + ☐ + 이	❾ [ ]	아늑한, 안락한
	jazz	ㅈ + 애 + ☐	❿ [ ]	재즈 (음악)

발음 확인

정답 ❶ 줌- ❷ 지로우 ❸ 레이절 ❹ 더전 ❺ 리절드 ❻ 메이즈 ❼ 프라이즈 ❽ 게이즈 ❾ 코우지 ❿ 재즈

해설 ❹ 더전   e의 소리 [어]는 아주 약한 [ə] 발음이므로, [더즌]에 가깝게 발음합니다.

❿ 재즈   zz로 끝나는 단어는 buzz[버즈: (벌이) 윙윙거리다]처럼 끝에 [즈] 소리를 한 번만 약하게 냅니다.

확인하기 　1 자음 🎧 22-3

MP3로 들으세요

A 알맞은 발음을 [보기]에서 찾아 쓰세요.

[보기]	씨티	피쉬	와취	베이비
	쌘	팔-티	백	햅

① sad ＿＿＿　　② fish ＿＿＿

③ city ＿＿＿　　④ hat ＿＿＿

⑤ bag ＿＿＿　　⑥ baby ＿＿＿

⑦ party ＿＿＿　　⑧ watch ＿＿＿

B 다음 발음과 맞는 단어를 고르세요.

① 페이쓰　　☐ face　　☐ race　　☐ fast

② 토우스트　☐ rest　　☐ toast　　☐ list

③ 보이쓰　　☐ visit　　☐ rice　　☐ voice

④ 잼　　　　☐ ham　　☐ jam　　☐ ram

정답

A ① 쌘　② 피쉬　③ 씨티　④ 햅
　　⑤ 백　⑥ 베이비　⑦ 팔-티　⑧ 와취

B ① face　② toast　③ voice　④ jam

C 발음을 보고 빈칸에 알맞은 철자를 써 넣으세요.

① 주-쓰 ☐uice   ② 지-브러 ☐ebra

③ 얄-드 ☐ard   ④ 쌘드   ☐and

⑤ 피애노우 ☐iano   ⑥ 크윌트   ☐uilt

⑦ 하우쓰 ☐ouse   ⑧ 널-쓰   ☐urse

D 다음 단어의 발음과 뜻을 써 보세요.

① moon ☐ ☐   ② rain ☐ ☐

③ gift ☐ ☐   ④ wind ☐ ☐

⑤ vest ☐ ☐   ⑥ doll ☐ ☐

⑦ taxi ☐ ☐   ⑧ sky   ☐ ☐

C ① j ② z ③ y ④ s ⑤ p ⑥ q ⑦ h ⑧ n

D ① [문-] 달   ② [레인] 비, 비가 오다   ③ [기프트] 선물   ④ [윈드] 바람
　　⑤ [베스트] 조끼   ⑥ [달] 인형   ⑦ [택씨] 택시   ⑧ [스카이] 하늘

쉬어가기: 퍼즐로 익히는 발음

정답 ▶ 174쪽

발음에 맞는 철자를 넣어 다음 퍼즐을 완성시켜 보세요.

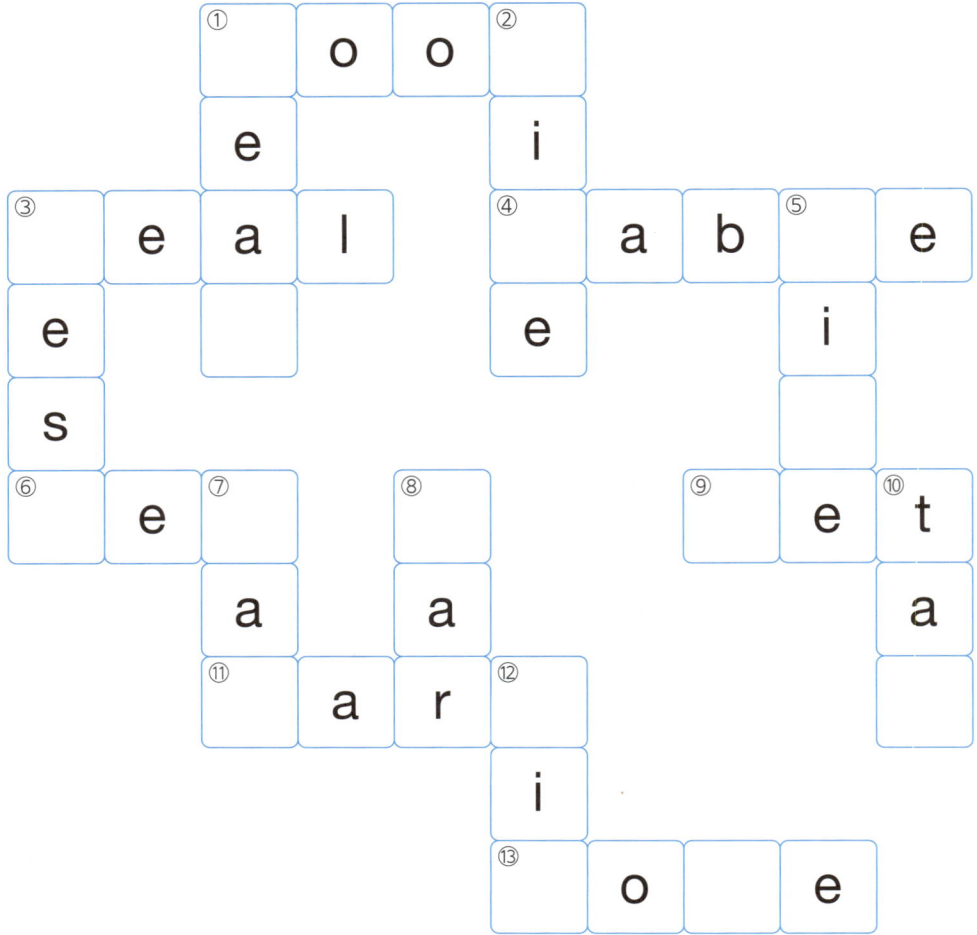

가로 열쇠
① [북] 책 ③ [리-얼] 진짜의 ④ [테이블] 탁자 ⑥ [텐] 10, 열 ⑨ [웰] 젖은
⑪ [팔-크] 공원 ⑬ [더브] 비둘기

세로 열쇠
① [빈-] 콩 ② [카일] 연 ③ [레스트] 휴식, 쉬다 ⑤ [라잌] 좋아하다 ⑦ [냎] 낮잠
⑧ [잘-] 병, 항아리 ⑩ [택쓰] 세금 ⑫ [킫] 아이

2

자음과 자음의 만남
이중자음

이중자음은 두 개의 자음이 나란히 붙어 있는 형태를
말합니다. 서로 다른 자음이 합쳐져 완전히 다른 새로운
소리를 만들어 내기도 합니다. 여기서는 두 개의 자음이
합쳐져 어떤 소리를 내는지 살펴보겠습니다.

발음공식 23: bl / cl / fl / gl / pl / sl

- 우리말 소리: 자음+ㄹ
- 발음 기호: [bl / kl / fl / gl / pl / sl]

소리 익히기 '자음+l'의 소리에 동그라미 치면서 단어를 읽어 보세요. 🎧 23-1

단어	한글 발음	단어	한글 발음
black 검은색, 검은	블랙 / 블ㄹ애ㅋ	**cl**ean 청소하다	클린- / 클ㄹ이-ㄴ
flower 꽃	플라우얼 / 플ㄹ아우얼	**gl**ad 기쁜	글랟 / 글ㄹ애ㄷ
plan 계획	플랜 / 플ㄹ애ㄴ	**sl**ow 느린	슬로우 / 슬ㄹ오우

💬 **이야기로 발음 익히기**

민자는 나들이를 가기로 plan을 짜고 집을 clean한 뒤, black 원피스를 입고 slow하게 공원을 산책하며 flower도 보고 glad한 시간을 보냈습니다.

발음 힌트

- '자음+l'이 들어간 단어를 발음할 때, l 발음은 앞 자음 소리의 받침으로도 발음된다는 것을 잊지 마세요. 예를 들어 black은 [브랙]이 아니라 [블랙]으로 발음합니다.
- **slow** s 뒤에 모음이 오면 된소리로 [ㅆ]에 가깝게 발음하지만, sl처럼 's+자음'에서는 s를 [ㅅ] 소리로 발음하므로 주의하세요. [쓸로우]가 아니라 [슬로우]입니다.

> bl=블르 cl=클르 fl=플르 gl=글르 pl=플르 sl=슬르

l은 [르] 소리를 낸다고 배웠는데요, 자음 뒤에 l이 오면 먼저 해당되는 자음 소리를 낸 후에 ㄹ을 받침으로 넣고, ㄹ을 뒤에 나오는 모음 소리의 자음 소리로 넣어 발음합니다.

발음 연습하기   [보기]처럼 단어의 발음을 쓰고 읽어 보세요. 🎧 23-2

보기	blouse	블르 + 아우 + ㅆ	[블라우쓰]	블라우스
	blue	☐ + 우-	❶ [ ]	파란색, 파란
	clay	☐ + 에이	❷ [ ]	점토, 진흙
	cloud	☐ + 아우 + ㄷ	❸ [ ]	구름
	floor	☐ + 올-	❹ [ ]	층, 바닥
	flute	☐ + 우- + ㅌ	❺ [ ]	플루트, 피리
	glass	☐ + 애 + ㅆ	❻ [ ]	유리
	glove	☐ + 어 + ㅂ	❼ [ ]	장갑
	plant	☐ + 애 + ㄴ + ㅌ	❽ [ ]	식물
	please	☐ + 이- + ㅈ	❾ [ ]	제발, 부디
	sleep	☐ + 이- + ㅍ	❿ [ ]	(잠을) 자다

발음 확인

정답 ❶ 블루- ❷ 클레이 ❸ 클라운 ❹ 플롤- ❺ 플루-트 ❻ 글래쓰 ❼ 글러브
❽ 플랜트 ❾ 플리-즈 ❿ 슬리-프

해설 ❼ 글러브   끝의 [브] 발음은 윗니를 아랫입술에 붙이고 성대를 울리며 발음합니다.
❾ 플리-즈   끝의 e는 소리가 나지 않으므로, s를 끝소리로 읽으세요.

발음공식 24

br/cr/dr/fr gr/pr/tr

- 우리말 소리 : 자음+ㄹ
- 발음 기호 : [br/kr/dr/fr gr/pr/tr]

소리 익히기 '자음+r'의 소리에 동그라미 치면서 단어를 읽어 보세요. 🎧 24-1

brown 갈색	브라운 브ㄹ아우ㄴ	**crab** 게	크랩 크ㄹ애ㅂ
dry 마른, 말리다	드라이 드ㄹ아이	**frog** 개구리	프로-그 프ㄹ오-ㄱ
green 초록색	그린- 그ㄹ이-ㄴ	**prawn** 새우	프론- 프ㄹ오-ㄴ
tray 쟁반	트레이 트ㄹ에이	**metro** 지하철	메트로우 ㅁ에트ㄹ오우

 이야기로 발음 익히기

frog가 그려진 green 티셔츠와 brown 바지를 입은 도진은 metro를 타고 친구들 모임에 갔습니다. tray에 dry 오징어와 crab, 구운 prawn이 담겨 나왔습니다.

발음 힌트

- **dry/tray** 미국 사람들은 dr은 [쥬ㄹ]로, tr은 [츄ㄹ]로 발음하는 경향이 있습니다. 그래서 dry는 [쥬라이], tray는 [츄레이]처럼 발음되기도 합니다.
- **metro** '자음+r'이 단어의 중간 부분에 오면 r 소리에 뒤에 오는 모음을 연결하여 자연스럽게 소리 냅니다. library[라이브레리: 도서관], across[어크로쓰: ~을 가로질러], hundred[헌드렏: 백]도 함께 알아 두세요.

br=브ㄹ cr=크ㄹ dr=드ㄹ fr=프ㄹ gr=그ㄹ pr=프ㄹ tr=트ㄹ

자음 뒤에 r이 오면 먼저 자음 소리를 낸 후에 r의 ㄹ 소리를 내서 발음합니다. '자음+l' 발음과는 달리 ㄹ 소리가 앞 자음의 받침으로 쓰이지 않으니 주의하세요.

발음 연습하기 [보기]처럼 단어의 발음을 쓰고 읽어 보세요. 🎧 24-2

보기	cross	크ㄹ +오+ㅆ	[크로쓰]	가로지르다
	brag	☐+애+ㄱ	❶ [ ]	자랑하다
	cream	☐+이-+ㅁ	❷ [ ]	크림
	dream	☐+이-+ㅁ	❸ [ ]	꿈, 꿈꾸다
	fruit	☐+우-+ㅌ	❹ [ ]	과일
	free	☐+이-	❺ [ ]	자유로운
	grab	☐+애+ㅂ	❻ [ ]	움켜쥐다
	group	☐+우-+ㅍ	❼ [ ]	단체, 그룹
	pride	☐+아이+ㄷ	❽ [ ]	자존심
	true	☐+우-	❾ [ ]	사실인, 진정한
	tree	☐+이-	❿ [ ]	나무

발음 확인

정답 ❶ 브랙 ❷ 크림- ❸ 드림- ❹ 프루-트 ❺ 프리- ❻ 그랩 ❼ 그루-프 ❽ 프라읻
     ❾ 트루- ❿ 트리-

해설 ❷ 크림- ❸ 드림- ea는 길게 [이-] 소리가 나며, 끝의 m은 ㅁ 받침처럼 읽습니다.
     ❼ 그루-프 [우-] 소리를 길게 내서 [그루웊]에 가깝게 발음하세요.

발음 공식 25

sc/sk/sm/sn sp/sq/sw/st
- 우리말 소리: 스+자음
- 발음 기호: [sk/sk/sm/sn sp/skw/sw/st]

소리 익히기
's+자음'의 소리에 동그라미 치면서 단어를 읽어 보세요. 🎧 25-1

scary 무서운	스케얼이 스ㅋ에얼이	**sk**in 피부	스킨 스ㅋ이ㄴ
smoke 흡연하다, 연기	스모욱 스ㅁ오우ㅋ	**sn**ack 간식	스낵 스ㄴ애ㅋ
space 우주	스페이쓰 스ㅍ에이쓰	**sq**uare 광장, 정사각형	스크웨얼 스크우에얼
swim 수영하다	스윔 스우이ㅁ	**st**air 계단	스테얼 스ㅌ에얼

💬 이야기로 발음 익히기

swim하고 square에서 smoke한 뒤, stair을 올라 집에 도착한 도진은 snack을 먹으며 space에 사는 초록색 skin의 괴물이 나오는 scary한 영화를 봤습니다.

발음 힌트

- **scary** 여기서 sc는 [스ㅋ] 소리를 내지만 예외적으로 scene[씬-: 장면]처럼 [ㅆ] 소리를 낼 때도 있습니다.
- **-st/-sk** st와 sk가 단어 끝에 올 때는 끝에 [스트], [스크] 소리를 약하게 덧붙입니다. test[테스트: 시험], desk[데스크: 책상]처럼 발음하세요.

sc/sk=스ㅋ sm=스ㅁ sn=스ㄴ sp=스ㅍ sq=스크우 sw=스우 st=스ㅌ

s 뒤에 자음이 오면 먼저 [스] 소리를 낸 후, 뒤에 나오는 자음 소리를 냅니다. s는 된소리로 [쓰]라고 하지 말고, 혀끝을 이에 대고 공기를 내보내며 [스]하고 가볍게 발음해 주세요.

발음 연습하기   [보기]처럼 단어의 발음을 쓰고 읽어 보세요. 🎧 25-2

보기	scoop	스ㅋ +우- +ㅍ	[스쿠-프]	국자
	scarf	☐ +알- +ㅍ	❶ [ ]	스카프
	skill	☐ +이 +ㄹ	❷ [ ]	기술, 실력
	skate	☐ +에이 +ㅌ	❸ [ ]	스케이트 타다
	smell	☐ +에 +ㄹ	❹ [ ]	냄새를 맡다
	snail	☐ +에이 +ㄹ	❺ [ ]	달팽이
	spin	☐ +이 +ㄴ	❻ [ ]	회전하다
	squeeze	☐ +이- +ㅈ	❼ [ ]	짜내다
	sweet	☐ +이- +ㅌ	❽ [ ]	달콤한
	study	☐ +어 +ㄷ +이	❾ [ ]	공부하다
	stone	☐ +오우 +ㄴ	❿ [ ]	돌멩이

발음 확인

정답 ❶ 스칼-프 ❷ 스킬 ❸ 스케일 ❹ 스멜 ❺ 스네일 ❻ 스핀 ❼ 스크위-즈 ❽ 스위-트 ❾ 스터디 ❿ 스토운

해설 ❶ 스칼-프 ar은 길게 [알-]하고 소리 내고, 끝의 f는 약하게 [프]하고 덧붙이세요.

❾ 스터디 ❿ 스토운 s 뒤의 t는 된소리 [ㄸ]로 소리 나서 [스떠디], [스또운]처럼 발음되기도 합니다.

발음공식 **26**

scr/str spr/spl

- 우리말 소리   스+자음+자음
- 발음 기호   [skr/str spr/spl]

소리 익히기   's+자음+자음'의 소리에 동그라미 치면서 단어를 읽어 보세요. 🎧 26-1

비명

scream   스크림-   스크ㄹ+이-+ㅁ

거리

street   스트리-트   스트ㄹ+이-+ㅌ

봄

spring   스프링   스프ㄹ+이+ㅇ

나누다, 쪼개다

split   스플릳   스플ㄹ+이+ㅌ

💬 **이야기로 발음 익히기**

민자는 날씨 좋은 spring에 가판에서 핫도그를 산 다음, 반으로 split해서 친구와 나눠 먹었습니다. 그때 street 어디선가 scream 소리가 들렸습니다.

발음 힌트

- **street** s 뒤에 t가 오면, t는 [ㅌ] 소리보다는 된소리로 [ㄸ] 소리에 가깝게 발음됩니다. 그래서 street은 [스뜨리-트]라고 발음됩니다.
- **spring/split** spr은 발음할 때 [스프ㄹ] 하고 소리내지만 spl은 [스플]하고 l의 [ㄹ] 소리가 [프]의 받침 소리도 내야 하므로 발음에 주의하세요.

scr=스크ㄹ   str=스트ㄹ   spr=스프ㄹ   spl=스플ㄹ

s 뒤에 자음 두 개가 연속으로 오면 먼저 [스] 소리를 낸 후에 뒤에 오는 두 개의 자음 소리를 연이어 발음합니다.

발음 연습하기   [보기]처럼 단어의 발음을 쓰고 읽어 보세요. 🎧 26-2

보기	strong	스트ㄹ + 오 + ㅇ	[스트롱]	강한
	scrub	☐ + 어 + ㅂ	❶ [ ]	문지르다
	screw	☐ + 우-	❷ [ ]	나사
	string	☐ + 이 + ㅇ	❸ [ ]	줄, 끈
	stress	☐ + 에 + ㅆ	❹ [ ]	스트레스
	strike	☐ + 아이 + ㅋ	❺ [ ]	치다, 때리다
	spread	☐ + 에 + ㄷ	❻ [ ]	퍼지다
	spray	☐ + 에이	❼ [ ]	분무기
	sprout	☐ + 아우 + ㅌ	❽ [ ]	새싹
	splendor	☐ + 에 + ㄴ + ㄷ + 얼	❾ [ ]	영광, 화려함
	splurge	☐ + 얼- + 쥐	❿ [ ]	돈을 마구 쓰다

발음 확인

정답 ❶ 스크럽 ❷ 스크루- ❸ 스트링 ❹ 스트레쓰 ❺ 스트라잌 ❻ 스프렌덜 ❼ 스프레이 ❽ 스프라웉 ❾ 스플렌덜 ❿ 스플럴-쥐

해설 ❹ 스트레쓰   단어 앞의 s는 [ㅅ] 소리, 단어 끝의 ss는 된소리 [ㅆ]에 가깝게 소리 납니다.

❿ 스플럴-쥐   spl의 l은 혀끝을 윗니 뒤쪽에 붙이며 [ㄹ]하고 발음하고, ur은 혀끝을 입천장에 닿지 않게 안쪽으로 말며 길게 [얼-]하고 소리 냅니다.

ch

- 우리말 소리   ㅊ   ㅋ
- 발음 기호   [tʃ] [k]

소리 익히기   ch의 소리에 동그라미 치면서 단어를 읽어 보세요. 🎧 27-1

갑싼

cheap   치-프   ㅊ+이-+ㅍ

교회

church   철-취   ㅊ+얼-+취

점심식사

lunch   런취   ㄹ+어+ㄴ+취

통증

ache   에익   에이+ㅋ

💬 이야기로 발음 익히기

일요일 오전에 도진은 church에 갔다가 lunch로 cheap한 김밥을 사먹었는데, 저녁부터 배에 ache을 느껴서 소화제를 한 알 먹었습니다.

발음 힌트

- **church/lunch** 단어 끝에 오는 ch는 가볍게 [취]하고 바람을 내보내면서 발음합니다.
- **ache** ch는 드물게 k처럼 [ㅋ]하고 성대를 울리지 않고 발음할 때가 있습니다. 이런 단어로는 stomach[스터먹: 위, 배], tech[텍: 기술], Christmas[크리쓰머쓰: 성탄절] 등이 있습니다.

ch = ㅊ / ㅋ

ch는 우리말 ㅊ과 비슷한데요, 입술을 '유' 소리를 내듯 앞으로 내밀고, 혀를 입천장에 붙여 공기 통로를 막았다 터뜨리면서 [취]에 가깝게 발음합니다. 드물지만 [크] 소리를 낼 때도 있습니다.

발음 연습하기   [보기]처럼 단어의 발음을 쓰고 읽어 보세요. 🎧 27-2

보기	단어	발음 분석	발음	뜻
보기	ch**erry**	ㅊ + 에 + ㄹ + 이	[체리]	버찌, 벚나무
	ch**eese**	☐ + 이– + ㅈ	❶ [ ]	치즈
	ch**est**	☐ + 에 + ㅅ + ㅌ	❷ [ ]	가슴, 흉부
	ch**ild**	☐ + 아이 + ㄹ + ㄷ	❸ [ ]	아이
	ch**in**	☐ + 이 + ㄴ	❹ [ ]	턱
	ch**oose**	☐ + 우– + ㅈ	❺ [ ]	선택하다
	ch**ance**	☐ + 애 + ㄴ + ㅆ	❻ [ ]	기회, 가능성
	tea**ch**	ㅌ + 이– + ☐	❼ [ ]	가르치다
	ri**ch**	ㄹ + 이 + ☐	❽ [ ]	부유한
	ben**ch**	ㅂ + 에 + ㄴ + ☐	❾ [ ]	벤치, 긴 의자
	tou**ch**	ㅌ + 어 + ☐	❿ [ ]	만지다

발음 확인

정답 ❶ 치즈 ❷ 체스트 ❸ 차일드 ❹ 친 ❺ 추–즈 ❻ 챈쓰 ❼ 티–취 ❽ 리취 ❾ 벤취 ❿ 터취

해설 ❶ 치즈 ❺ 추–즈 ❻ 챈쓰 끝에 오는 e는 소리가 나지 않습니다.

❼ 티–취 ea는 긴 [이–] 소리가 나므로, teach는 [티–취]하고 모음 소리를 길게 발음해 주세요.

sh

- 우리말 소리 **쉬**
- 발음 기호 **[ʃ]**

소리 익히기 sh의 소리에 동그라미 치면서 단어를 읽어 보세요. 🎧 28-1

| | **shop** | 쉬앞/샾 | 쉬+아+ㅍ |

가게

| | **shell** | 쉬엘/쉘 | 쉬+에+ㄹ |

(조개) 껍질

| | **dish** | 디쉬 | ㄷ+이+쉬 |

접시

| | **brush** | 브러쉬 | 브ㄹ+어+쉬 |

솔, 브러시

💬 **이야기로 발음 익히기**

민자는 shop에 가서 조개 shell 모양의 dish와 병 안쪽을 깨끗하게 닦을 수 있는 기다란 brush를 하나 샀습니다.

발음 힌트

- **shop/shell** sh의 [쉬] 소리는 한국어에는 없는 발음으로, 뒤에 오는 모음 소리에 따라 [쉐], [샤], [셔], [쉬] 같은 소리를 냅니다. shop은 [샾], shell은 [쉘]이라고 하면 비슷한 발음이 됩니다.

- **dish/brush** sh가 단어 끝에 올 때는 성대를 울리지 않고 약하게 [쉬]하고 공기를 뱉으면서 발음합니다.

sh = 쉬

sh는 우리말에는 없는 소리인데 [쉬] 소리와 비슷합니다. s는 입술을 양옆으로 벌린 후 혀와 입천장 사이의 좁은 공간으로 공기를 내보내면서 [스]하고 발음하지만, sh는 입을 동그랗게 모은 후, 혀를 바닥에 붙이고 더 많은 공기를 내보내면서 [쉬]하고 발음합니다.

발음 연습하기 [보기]처럼 단어의 발음을 쓰고 읽어 보세요. 🎧 28-2

보기	ship	쉬 + 이 + ㅍ	[쉬잎/쉽]	배, 선박
	shake	☐ + 에이 + ㅋ	❶ [ ]	흔들다
	share	☐ + 에얼	❷ [ ]	나누다
	sheep	☐ + 이- + ㅍ	❸ [ ]	양
	sharp	☐ + 알- + ㅍ	❹ [ ]	날카로운
	show	☐ + 오우	❺ [ ]	보여주다
	shadow	☐ + 애 + ㄷ + 오우	❻ [ ]	그림자
	shirt	☐ + 얼- + ㅌ	❼ [ ]	셔츠
	cash	ㅋ + 애 + ☐	❽ [ ]	현금
	rush	ㄹ + 어 + ☐	❾ [ ]	돌진하다
	trash	트ㄹ + 애 + ☐	❿ [ ]	쓰레기

발음 확인

정답 ❶ 쉬에익/쉐익 ❷ 쉬에얼/쉐얼 ❸ 쉬이-프/쉬-프 ❹ 쉬알-프/샬-프 ❺ 쉬오우/쇼우 ❻ 쉬애도우/쉐도우 ❼ 쉬얼-트/셜-트 ❽ 캐쉬 ❾ 러쉬 ❿ 트래쉬

해설 ❸ 쉬이-프/쉬-프 보기의 ship과 달리 모음 소리를 길게 발음하세요.

❼ 쉬얼-트/셜-트 우리말로는 '셔츠'라고 하지만 영어로는 끝에 t의 [ㅌ] 소리를 넣어 발음하므로 주의하세요.

미니강의
발음공식 **29**

th

- 우리말 소리   ㅆ ㄷ
- 발음 기호   [θ] [ð]

소리 익히기   th의 소리에 동그라미 치면서 단어를 읽어 보세요.   🎧 29-1

마른, 얇은

thin   씬   ㅆ+ㅣ+ㄴ

목욕

ba**th**   배쓰   ㅂ+ㅐ+ㅆ

이것, 이

this   디쓰   ㄷ+ㅣ+ㅆ

아버지

fa**th**er   파-덜   ㅍ+ㅏ-+ㄷ+얼

💬 이야기로 발음 익히기

체형이 **thin**한 민자는 **bath**를 한 다음, 새 잠옷으로 갈아입었습니다. 지금 민자가 입고 있는 **this** 옷은 생일을 맞아 **father**이 선물로 준 것입니다.

발음 힌트

- **bath**   th가 단어 끝에 올 때는 짧고 가볍게 [쓰]하고 발음합니다. death[데쓰: 죽음], breath[브레쓰: 숨, 호흡], growth[그로우쓰: 성장]도 마찬가지입니다.
- **father**   er은 [얼]로 소리 나므로 -ther은 [덜]로 발음합니다. brother[브러덜: 오빠, 형, 남동생], another[어너덜: 또 다른], together[투게덜: 함께]도 함께 기억해두세요.

th = ㅆ/ㄷ

th는 두 가지 소리를 갖고 있는데, 기본적으로는 혀끝을 윗니와 아랫니 사이에 넣었다가 살짝 빼면서 발음하세요. 성대를 울리지 않고 [쓰]하고 발음할 때가 있고, 성대를 울리면서 [드]하고 발음할 때가 있습니다.

발음 연습하기 [보기]처럼 단어의 발음을 쓰고 읽어 보세요. 🎧 29-2

보기	breath	브ㄹ + 에 + ㅆ	[브레쓰]	숨, 호흡
	thick	☐ + 이 + ㅋ	❶ [ ]	두꺼운
	thank	☐ + 애 + ㅇ + ㅋ	❷ [ ]	감사하다
	math	ㅁ + 애 + ☐	❸ [ ]	수학
	health	ㅎ + 에 + ㄹ + ☐	❹ [ ]	건강

보기	that	ㄷ + 애 + ㅌ	[댙]	저것, 저
	then	☐ + 에 + ㄴ	❺ [ ]	그 다음에
	those	☐ + 오우 + ㅈ	❻ [ ]	저것들
	mother	ㅁ + 어 + ☐ + 얼	❼ [ ]	어머니
	weather	우 + 에 + ☐ + 얼	❽ [ ]	날씨

발음 확인

정답 ❶ 씩 ❷ 쌩크 ❸ 매쓰 ❹ 헬쓰 ❺ 덴 ❻ 도우즈 ❼ 머덜 ❽ 웨덜

해설 ❷ 쌩크 nk에서 n은 ㄴ 받침이 아니라 ㅇ 받침으로 소리 납니다. think[씽크: 생각하다]도 마찬가지입니다.

❼ 머덜 ❽ 웨덜 단어 끝의 er은 혀끝을 입천장에 닿지 않게 말아서 [얼]로 발음하세요.

발음공식 30

wh

- 우리말 소리   우
- 발음 기호   [w]

소리 익히기 wh의 소리에 동그라미 치면서 단어를 읽어 보세요. 🎧 30-1

흰색, 하얀

white   와잍   우+아이+ㅌ

고래

whale   웨일   우+에이+ㄹ

바퀴

wheel   윌-   우+이-+ㄹ

밀, 소맥

wheat   위-트   우+이-+ㅌ

💬 이야기로 발음 익히기

도진은 가족과 함께 white한 돌고래와 커다란 whale을 볼 수 있는 수족관에 놀러 갔는데, 집에 오는 길에 wheat 밭을 지나다가 자동차 wheel이 고장 났습니다.

발음 힌트

■ **white** white를 [화이트]라고 발음하는 분들이 많을 텐데요, 옛날에는 wh를 h와 w의 소리가 모두 들어간 [hw: 흐우] 소리로 발음했습니다. 하지만 최근 미국식 영어에서는 wh를 [w: 우] 소리로 발음하는 추세이므로 [ㅎ] 소리는 내지 말고 발음하세요. 참고로 wh는 드물게 [ㅎ] 소리를 낼 때도 있습니다. who[후: 누구], whom[훔-: 누구를], whose[후-즈: 누구의], whole[호울: 전체의]을 기억해 두세요.

wh = 우

wh는 w와 똑같이 [우]하고 소리가 납니다. w와 마찬가지로, 뒤의 모음과 결합하여 [와], [웨], [워], [위] 등으로 발음됩니다.

발음 연습하기   [보기]처럼 단어의 발음을 쓰고 읽어 보세요. 🎧 30-2

보기	what	우+아+ㅌ	[왓]	무엇, 어떤
	why	☐+아이	❶ [ ]	왜, 어째서
	which	☐+이+취	❷ [ ]	어떤, 어느
	when	☐+에+ㄴ	❸ [ ]	언제
	whip	☐+이+ㅍ	❹ [ ]	채찍질하다
	where	☐+에얼	❺ [ ]	어디에
	while	☐+아이+ㄹ	❻ [ ]	~동안에
	whiskey	☐+이+ㅅ+ㅋ+이	❼ [ ]	위스키
	whether	☐+에+ㄷ+얼	❽ [ ]	~이든 아니든
	whisper	☐+이+ㅅ+ㅍ+얼	❾ [ ]	속삭이다
	whistle	☐+이+ㅆ+ㄹ	❿ [ ]	휘파람

발음 확인

정답 ❶ 와이 ❷ 위취 ❸ 웬 ❹ 윞 ❺ 웨얼 ❻ 와일 ❼ 위스키 ❽ 웨덜 ❾ 위스펄 ❿ 위쓸

해설 ❶ 와이   여기서 y는 [아이]로 소리 납니다.

❼ 위스키   보리, 밀 같은 곡류를 증류한 독한 술로, 영국에서는 whisky라고 합니다.

❿ 위쓸   -stle는 t와 e가 소리 나지 않고 s와 l만 [쓸]로 발음합니다.

발음공식 31

ph/gh

- 우리말 소리 ㅍ
- 발음 기호 [f]

소리 익히기 ph와 gh의 소리에 동그라미 치면서 단어를 읽어 보세요. 🎧 31-1

전화
phone 포운 ㅍ+오우+ㄴ

남자조카
ne**ph**ew 네퓨- ㄴ+에+ㅍ+유-

기침
cou**gh** 코-프 ㅋ+오-+ㅍ

웃다
lau**gh** 래프 ㄹ+애+ㅍ

💬 이야기로 발음 익히기

감기에 걸린 도진이 cough를 하며 침대에 누워 있는데 nephew에게 phone이 걸려와서 이런저런 이야기를 하며 laugh했습니다.

발음 힌트

■ **cough/laugh** gh가 단어 끝에 올 때는 f처럼 [프]하고 약하게 발음합니다. 한편 gh는 sigh[싸이: 한숨쉬다]처럼 소리가 나지 않는 경우가 더 많으므로 발음공식 37(106쪽)을 참고하세요.

ph=ㅍ gh=ㅍ

ph와 gh는 f와 같은 소리가 납니다. 토끼 이빨을 흉내 내듯 윗니를 아랫입술에 붙인 후, 바람을 밀어내며 [프]하고 발음하세요.

발음 연습하기 [보기]처럼 단어의 발음을 쓰고 읽어 보세요. 🎧 31-2

보기	dolphin	ㄷ+아+ㄹ+ㅍ+이+ㄴ	[달핀]	돌고래
	photo	□+오우+ㅌ+오우	❶ [ ]	사진
	phase	□+에이+ㅈ	❷ [ ]	단계, 형상
	trophy	트ㄹ+오우+□+이	❸ [ ]	트로피, 전리품
	typhoon	ㅌ+아이+□+우-+ㄴ	❹ [ ]	태풍, 폭풍
	graph	그ㄹ+애+□	❺ [ ]	그래프
보기	laughter	ㄹ+애+ㅍ+ㅌ+얼	[래프털]	웃음
	rough	ㄹ+어+□	❻ [ ]	거친, 힘든
	tough	ㅌ+어+□	❼ [ ]	힘든, 어려운
	enough	이+ㄴ+어+□	❽ [ ]	충분한

발음 확인

정답 ❶ 포우토우 ❷ 페이즈 ❸ 트로우피 ❹ 타이푼- ❺ 그래프 ❻ 러프 ❼ 터프 ❽ 이너프

해설 ❶ 포우토우 photo는 photograph[포우토우그래프]의 줄임말입니다.
❸ 트로우피 ❹ 타이푼- trophy의 y는 [이], typhoon의 y는 [아이]로 소리 납니다.

ng/nk

- 우리말 소리   ㅇ / ㅇㅋ
- 발음 기호   [ŋ] / [ŋk]

소리 익히기   ng와 nk의 소리에 동그라미 치면서 단어를 읽어 보세요. 🎧 32-1

노래하다

si**ng**   씽   ㅆ+ㅣ+ㅇ

긴

lo**ng**   롱-   ㄹ+오-+ㅇ

생각하다

thi**nk**   씽크   ㅆ+ㅣ+ㅇ+ㅋ

마시다

dri**nk**   드링크   ㄷㄹ+ㅣ+ㅇ+ㅋ

💬 **이야기로 발음 익히기**

합창대회에서 민자의 친구가 long 드레스를 입고 sing 하였습니다. 민자는 차를 drink 하며 그 모습이 멋지다고 think 했습니다.

발음 힌트

■ **-ng-** ng가 단어의 중간에 올 때는 발음이 달라질 수도 있습니다. singer[씽얼: 가수]처럼 ng가 ㅇ 받침소리를 낼 때도 있지만, danger[데인절: 위험]처럼 n과 g가 각각의 소리를 그대로 낼 때도 있지요. 한편, hungry[헝그리: 배고픈], finger[핑걸: 손가락]처럼 n만 ㅇ 받침소리를 내고 g는 그대로 자기 소리를 낼 때도 있으니 발음에 주의하세요.

ng=ㅇ   nk=ㅇㅋ

ng는 우리말 ㅇ 받침소리와 비슷한데 목구멍의 공기를 혀뿌리로 막으며 [응]하고 발음합니다.
nk는 n이 ㅇ 받침소리를 내고 k는 그대로 [ㅋ] 소리를 내서 [응크]하고 발음하지요.

발음 연습하기   [보기]처럼 단어의 발음을 쓰고 읽어 보세요. 🎧 32-2

보기	king	ㅋ+이+ㅇ	[킹]	왕
	ring	ㄹ+이+☐	❶ [ ]	반지
	bring	ㅂㄹ+이+☐	❷ [ ]	가져오다
	song	ㅆ+오-+☐	❸ [ ]	노래
	morning	ㅁ+올-+ㄴ+이+☐	❹ [ ]	아침

보기	sink	ㅆ+이+ㅇ+ㅋ	[씽크]	싱크대
	trunk	ㅌㄹ+어+☐+☐	❺ [ ]	트렁크
	pink	ㅍ+이+☐+☐	❻ [ ]	분홍색
	tank	ㅌ+애+☐+☐	❼ [ ]	탱크
	bank	ㅂ+애+☐+☐	❽ [ ]	은행

발음 확인

정답 ❶ 링 ❷ 브링 ❸ 쏭- ❹ 몰-닝 ❺ 트렁크 ❻ 핑크 ❼ 탱크 ❽ 뱅크

해설 ❶ 링   ng는 -ing 형태로 많이 쓰이는데, 이때는 [잉]으로 소리 납니다.
 ❹ 몰-닝   or은 혀끝을 입천장에 닿지 않게 안쪽으로 말아서 [올-]이라고 발음합니다.
 ❺ 트렁크   미국사람들은 tr은 [츄ㄹ]에 가깝게 발음해서 trunk를 [츄렁크]라고도 합니다.

발음공식 33

ck

- 우리말 소리 ㅋ
- 발음 기호 [k]

소리 익히기 ck의 소리에 동그라미 치면서 단어를 읽어 보세요. 🔊 33-1

발로 차다

kick   킥   ㅋ+이+ㅋ

오리

duck   덕   ㄷ+어+ㅋ

바위

rock   락   ㄹ+아+ㅋ

재킷

jack**et**   재킽   ㅈ+애+ㅋ+이+ㅌ

💬 이야기로 발음 익히기

도진은 jacket을 입고 공원을 산책하고 있었습니다. 한 아이가 kick한 공이 rock에 부딪히자 근처에 있던 duck이 깜짝 놀라 날개를 퍼덕이며 도망갔습니다.

발음 힌트

- **kick/duck/rock** ck가 단어 끝에 올 경우에는 k와 마찬가지로 ㅋ을 앞 모음 소리의 받침처럼 넣어 [킥], [덕], [락]처럼 발음하면 됩니다.
- **jacket** ck가 단어 중간에 올 때는 [ㅋ] 소리와 뒤에 나오는 모음 소리를 결합해서 발음합니다.

ck는 k와 마찬가지로 [ㅋ] 소리가 나는데, 단어 앞에는 오지 않고 단어의 중간이나 끝에 옵니다. 혀뿌리로 입천장 안쪽을 막았다가 공기를 터뜨리며 [크]하고 발음하세요.

발음 연습하기 [보기]처럼 단어의 발음을 쓰고 읽어 보세요. 🎧 33-2

보기	sick	ㅆ+이+ㅋ	[씩]	아픈
	pick	ㅍ+이+☐	❶ [ ]	고르다, 뽑다
	check	ㅊ+에+☐	❷ [ ]	확인하다
	back	ㅂ+애+☐	❸ [ ]	뒤쪽의
	lock	ㄹ+아+☐	❹ [ ]	자물쇠
	pack	ㅍ+애+☐	❺ [ ]	(짐을) 싸다, 짐
	luck	ㄹ+어+☐	❻ [ ]	운, 행운
	neck	ㄴ+에+☐	❼ [ ]	목
	chicken	ㅊ+이+☐+이+ㄴ	❽ [ ]	닭, 닭고기
	rocket	ㄹ+아+☐+이+ㅌ	❾ [ ]	로켓
	sticker	스ㅌ+이+☐+얼	❿ [ ]	스티커

발음 확인

정답 ❶ 픽 ❷ 첵 ❸ 백 ❹ 락 ❺ 팩 ❻ 럭 ❼ 넥 ❽ 치킨 ❾ 라킽 ❿ 스티컬

해설 ❷ 첵 ch는 입을 앞으로 내민 상태에서 [취]하고 소리 납니다.
❹ 락 lock은 rock과 달리 혀를 윗니에 댔다 떼면서 [락]이라고 발음하세요.
❾ 라킽 '로켓, 로케트'라고 발음하지 않게 주의하세요.

2 이중자음 🎧 33-3

확인 하기

MP3로 들으세요

A 알맞은 발음을 [보기]에서 찾아 쓰세요.

[보기] 배쓰   쉬엘/쉘   씽   드라이
        런취   와읻   포운   스프링

① white _____   ② phone _____

③ lunch _____   ④ sing _____

⑤ spring _____ ⑥ shell _____

⑦ bath _____   ⑧ dry _____

B 다음 발음과 맞는 단어를 고르세요.

① 파–덜   ☐ father   ☐ mother   ☐ brother

② 윌–   ☐ kneel   ☐ wheel   ☐ real

③ 드링크   ☐ dry   ☐ dream   ☐ drink

④ 브라운   ☐ prawn   ☐ brown   ☐ snow

정답

A ① 와읻   ② 포운   ③ 런취   ④ 씽
   ⑤ 스프링 ⑥ 쉬엘/쉘 ⑦ 배쓰   ⑧ 드라이

B ① father ② wheel   ③ drink   ④ brown

C 발음을 보고 빈칸에 알맞은 철자를 써 넣으세요.

① 디쉬   dis[ ]
② 슬로우   s[ ]ow
③ 래프   laug[ ]
④ 프로-그   f[ ]og
⑤ 롱   lon[ ]
⑥ 스페이쓰   [ ]pace
⑦ 덕   duc[ ]
⑧ 그린-   [ ]reen

D 다음 단어의 발음과 뜻을 써 보세요.

① street
② think
③ rock
④ whale
⑤ cough
⑥ church
⑦ shop
⑧ skin

C ① h ② l ③ h ④ r ⑤ g ⑥ s ⑦ k ⑧ g

D ① [스트리-트] 거리 ② [씽크] 생각하다 ③ [락] 바위 ④ [웨일] 고래
⑤ [코-프] 기침 ⑥ [철-취] 교회 ⑦ [쉬압/샵] 가게 ⑧ [스킨] 피부

쉬어가기: 퍼즐로 익히는 발음

발음에 맞는 철자를 넣어 다음 퍼즐을 완성시켜 보세요.

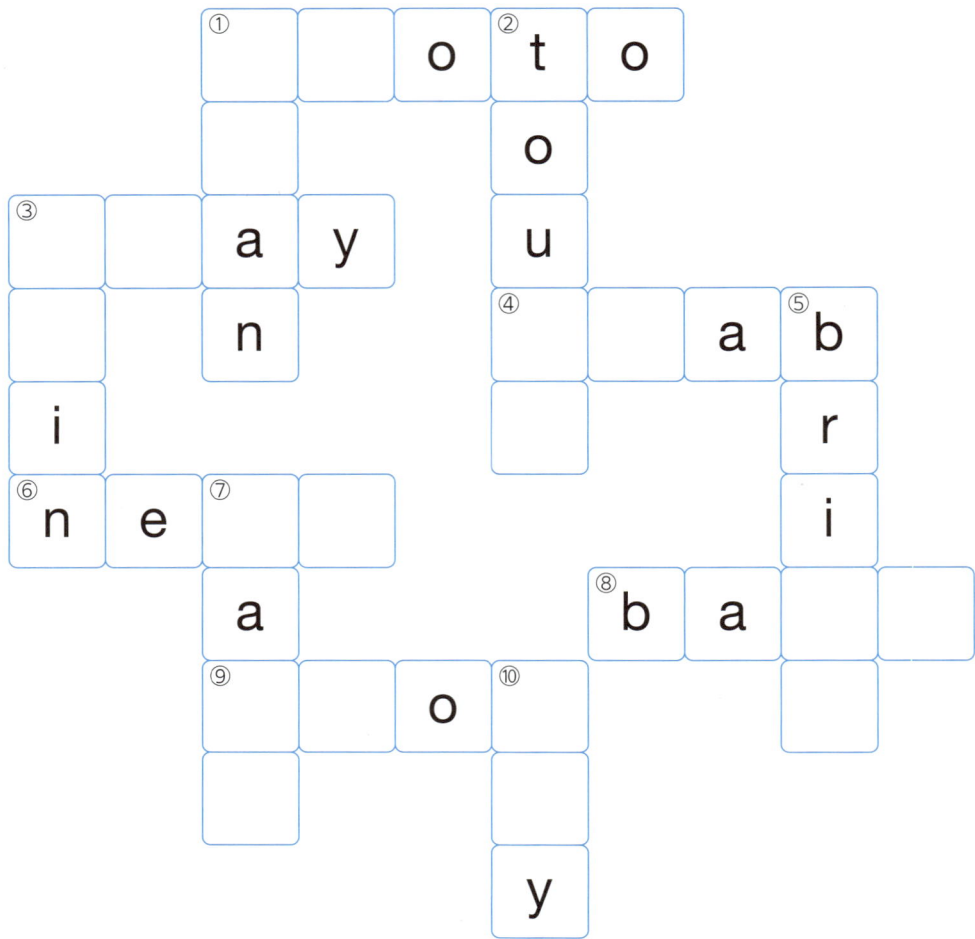

가로 열쇠
① [포우토우] 사진 ③ [클레이] 진흙, 점토 ④ [그랩] 움켜쥐다 ⑥ [넥] 목
⑧ [뱅크] 은행 ⑨ [쉬오우/쇼우] 보여주다

세로 열쇠
① [플랜] 계획 ② [터프] 힘든, 어려운 ③ [친] 턱 ⑤ [브링] 가져오다
⑦ [캐쉬] 현금 ⑩ [와이] 왜

3

소리가 안 나는
묵음

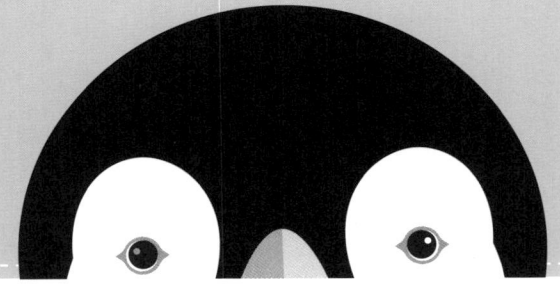

글자로는 적혀 있지만 소리가 나지 않는 글자를 묵음이라고 합니다. 영어에는 발음하지 않고 지나가는 다양한 묵음이 존재합니다. 여기서는 영어에서 많이 쓰는 묵음에 대해 알아보겠습니다.

발음공식 34

wr

- 우리말 소리 ㄹ
- 발음 기호 [r]

소리 익히기 wr의 소리에 동그라미 치면서 단어를 읽어 보세요. 🎧 34-1

wrist 리스트 ㄹ+이+ㅅ+ㅌ
손목

wrap 랩 ㄹ+애+ㅍ
포장하다

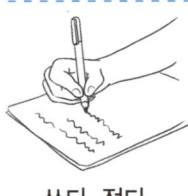
wrong 롱- ㄹ+오-+ㅇ
잘못된, 틀린

write 라잍 ㄹ+아이+ㅌ
쓰다, 적다

💬 이야기로 발음 익히기

민자는 친구 생일선물로 **wrist**에 찰 팔찌를 사서 예쁘게 **wrap**했습니다. 생일카드도 **write**했는데, 실수로 **wrong**한 이름을 썼습니다.

발음 힌트

- **wrong** 모음 소리인 [오-]는 [오]와 [어]의 중간 소리로 길게 발음하고, ng는 앞 모음 소리의 ㅇ 받침으로 쓰여 [롱-]하고 발음하면 됩니다. 혀끝을 윗니에 댔다 떼는 long[롱-: 긴]과 달리 혀끝을 입천장에 닿지 않게 구부리면서 발음하세요.
- **write** 'i+자음+e'는 e가 소리 나지 않고, i가 [아이]로 소리 납니다.

100

wr에서 w는 소리가 나지 않는 묵음이므로 r만 소리가 납니다. 혀끝을 입천장에 닿지 않게 안쪽으로 말면서 [으르]하고 발음하세요.

발음 연습하기 [보기]처럼 단어의 발음을 쓰고 읽어 보세요. 🎧 34-2

보기	wreck	르+에+ㅋ	[렉]	난파선, 파괴
	wrath	☐+애+ㅆ	❶ [ ]	분노
	wry	☐+아이	❷ [ ]	찡그린
	wrestle	☐+에+ㅆ+ㄹ	❸ [ ]	씨름하다
	wrench	☐+에+ㄴ+취	❹ [ ]	비틀다
	wrinkle	☐+이+ㅇ+ㅋ+ㄹ	❺ [ ]	주름
	wring	☐+이+ㅇ	❻ [ ]	쥐어짜다
	wrote	☐+오우+ㅌ	❼ [ ]	썼다
	writing	☐+아이+ㅌ+이+ㅇ	❽ [ ]	쓰기, 작문
	writer	☐+아이+ㅌ+얼	❾ [ ]	작가
	wreath	☐+이-+ㅆ	❿ [ ]	화환

발음 확인

정답 ❶ 래쓰 ❷ 라이 ❸ 레쓸 ❹ 렌취 ❺ 링클 ❻ 링 ❼ 로울 ❽ 라이팅 ❾ 라이털 ❿ 리-쓰

해설 ❸ 레쓸 -stle은 whistle[위쓸: 휘파람]처럼 t와 e가 묵음이 되어 [쓸]로 발음합니다.
　　　❺ 링클 -nk에서 n은 ㅇ 받침소리를 내고 k는 그대로 [ㅋ] 소리를 냅니다.
　　　❼ 로울 wrote은 write[라잍: 쓰다]의 과거형입니다.

101

kn / gn

- 우리말 소리 ㄴ
- 발음 기호 [n]

소리 익히기 kn과 gn의 소리에 동그라미 치면서 단어를 읽어 보세요. 🎧 35-1

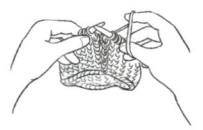
뜨개질하다

knit   닡   ㄴ+이+ㅌ

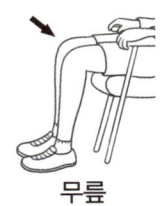
무릎

knee   니-   ㄴ+이-

표지, 기호

si**gn**   싸인   ㅆ+아이+ㄴ

외국의

forei**gn**   폴-언   ㅍ+올-+어+ㄴ

💬 이야기로 발음 익히기

민자는 knee에 덮을 담요를 knit하려고 털실을 사러 나왔습니다. 그때 foreign 남자가 길을 물어봐서 저쪽에 있는 sign을 보고 따라가면 된다고 알려주었습니다.

발음 힌트

- **knee** ee로 끝나는 단어는 길게 [이-]하고 소리 냅니다. see[씨-: 보다], tree[트리-: 나무]도 마찬가지입니다.
- **sign/foreign** gn이 단어 끝에 올 때는 앞 모음 소리의 ㄴ 받침으로 소리 납니다.

kn=ㄴ gn=ㄴ

kn과 gn에서 첫 글자인 k와 g는 소리가 나지 않는 묵음입니다. n만 소리가 나서 ㄴ과 같은 소리를 내지요. 혀끝을 윗니 뒤쪽 잇몸에 붙인 상태에서 콧소리를 내듯 [느]하고 발음하세요.

발음 연습하기 [보기]처럼 단어의 발음을 쓰고 읽어 보세요. 🎧 35-2

보기	**kn**ot	ㄴ+아+ㅌ	[낱]	(밧줄) 매듭
	know	☐+오우	❶ [ ]	알다
	knife	☐+아이+ㅍ	❷ [ ]	칼
	kneel	☐+이-+ㄹ	❸ [ ]	무릎을 꿇다
	knock	☐+아+ㅋ	❹ [ ]	노크하다

보기	assi**gn**	어+ㅆ+아이+ㄴ	[어싸인]	할당하다
	gnash	☐+애+쉬	❺ [ ]	이를 갈다
	resi**gn**	ㄹ+이+ㅈ+아이+☐	❻ [ ]	사임하다
	rei**gn**	ㄹ+에이+☐	❼ [ ]	통치하다
	desi**gn**	ㄷ+이+ㅈ+아이+☐	❽ [ ]	디자인

발음 확인

정답 ❶ 노우 ❷ 나이프 ❸ 닐- ❹ 낙 ❺ 내쉬 ❻ 리자인 ❼ 레인 ❽ 디자인

해설 ❷ 나이프 'i+자음+e'는 e가 묵음으로, i가 알파벳 이름대로 [아이]로 소리 납니다.
　　　　❺ 내쉬 gn으로 시작하는 단어는 많이 없지만, 전부 [ㄴ] 소리로 시작하니 주의하세요.

mb/mn

- 우리말 소리 ㅁ
- 발음 기호 [m]

소리 익히기 mb와 mn의 소리에 동그라미 치면서 단어를 읽어 보세요. 🎧 36-1

등반하다

cli**mb**   클라임   클ㄹ+아이+ㅁ

새끼양 (고기)

la**mb**   램   ㄹ+애+ㅁ

기둥

colu**mn**   칼럼   ㅋ+아+ㄹ+ㄹ+어+ㅁ

가을

autu**mn**   오-텀   오-+ㅌ+어+ㅁ

💬 이야기로 발음 익히기

도진은 점심으로 lamb 바비큐를 먹고 autumn을 즐기러 산을 climb 했습니다. 산 중턱에 있는 절에도 들렸는데 돌로 세운 column이 정말 멋졌습니다.

발음 힌트

- **column** 가운데 l은 앞 모음 소리의 받침과 뒤에 나오는 모음 소리의 자음 역할을 모두 합니다. 따라서 [카럼]이 아니라 [칼럼]이라고 발음해야 합니다.
- **autumn** au는 [오-]하고 길게 발음하는데, 이때 [오]와 [어]의 중간으로 발음합니다.

mb=ㅁ mn=ㅁ

mb와 mn은 주로 단어 끝에 오는데, 뒤에 오는 b와 n는 소리가 나지 않는 묵음입니다. 따라서 m 소리만 내서 앞 모음 소리의 ㅁ 받침으로 발음합니다.

발음 연습하기   [보기]처럼 단어의 발음을 쓰고 읽어 보세요. 🎧 36-2

보기	tomb	ㅌ+우-+ㅁ	[툼-]	무덤
	bomb	ㅂ+아+☐	❶ [ ]	폭탄
	comb	ㅋ+오우+☐	❷ [ ]	빗질하다, 빗
	thumb	ㅆ+어+☐	❸ [ ]	엄지손가락
	dumb	ㄷ+어+☐	❹ [ ]	멍청한
	womb	우+우-+☐	❺ [ ]	자궁
보기	hymn	ㅎ+이+ㅁ	[힘]	찬송가
	solemn	ㅆ+아+ㄹ+ㄹ+어+☐	❻ [ ]	엄숙한, 진지한
	damn	ㄷ+애+☐	❼ [ ]	빌어먹을
	condemn	ㅋ+어+ㄴ+ㄷ+에+☐	❽ [ ]	규탄하다

발음 확인

정답 ❶ 밤 ❷ 코움 ❸ 썸 ❹ 덤 ❺ 움- ❻ 쌀럼 ❼ 댐 ❽ 컨뎀

해설 ❺ 움-   w의 [w: 우] 소리와 o의 [u: 우-] 소리가 결합하여 [우-] 소리가 납니다.
    ❻ 쌀럼   단어 중간에 l이 있으므로, [싸럼]이 아니라 [쌀럼]으로 발음하세요.
    ❼ 댐   damn은 짜증 났을 때나 화났을 때 내뱉는 욕설입니다.

gh

- 우리말 소리　X
- 발음 기호　　X

소리 익히기　gh의 소리에 동그라미 치면서 단어를 읽어 보세요.　🎧 37-1

높은

high　하이　ㅎ+아이

밤

night　나잍　ㄴ+아이+ㅌ

비행

flight　플라잍　플ㄹ+아이+ㅌ

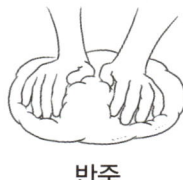
반죽

dough　도우　ㄷ+오우

💬 **이야기로 발음 익히기**

민자는 친구들과 함께 **night**에 출발하는 **flight**을 탔습니다. 비행기가 **high**하게 올라가자 민자는 직접 **dough**를 만들어 구워온 쿠키도 나눠먹었습니다.

발음 힌트

■ **night/flight** gh는 t 앞에서 묵음이 되는 경우가 많습니다. 이때는 뒤에 오는 t가 앞 모음 소리와 바로 연결되어 [나잍], [플라잍]처럼 [ㅌ] 소리를 앞 모음 소리의 받침처럼 발음합니다. 따라서 -ight는 [아잍]으로 발음하지요.

앞에서 gh는 f처럼 [프]로 소리 난다고 배웠는데요, 사실 gh는 아예 소리가 나지 않는 경우가 더 많습니다.

발음 연습하기 [보기]처럼 단어의 발음을 쓰고 읽어 보세요. 🎧 37-2

보기	right	ㄹ+아이+ㅌ	[라잍]	옳은
	sigh	ㅆ+아이	❶ [　　]	한숨을 쉬다
	through	쓰ㄹ+우-	❷ [　　]	~을 통해서
	weigh	우+에이	❸ [　　]	무게가 ~이다
	tight	ㅌ+아이+ㅌ	❹ [　　]	꽉 끼는
	light	ㄹ+아이+ㅌ	❺ [　　]	빛
	eight	에이+ㅌ	❻ [　　]	8, 여덟
	bright	브ㄹ+아이+ㅌ	❼ [　　]	밝은
	fight	ㅍ+아이+ㅌ	❽ [　　]	싸우다
	caught	ㅋ+오-+ㅌ	❾ [　　]	잡았다
	neighbor	ㄴ+에이+ㅂ+얼	❿ [　　]	이웃

발음 확인

정답 ❶ 싸이 ❷ 쓰루- ❸ 웨이 ❹ 타잍 ❺ 라잍 ❻ 에잍 ❼ 브라잍 ❽ 파잍 ❾ 코-ㅌ ❿ 네이벌

해설 ❷ 쓰루- thr은 먼저 혀끝을 윗니와 아랫니 사이에 살짝 넣었다가 빼면서 [쓰]하고 th 발음을 한 다음에, r의 [르] 발음을 자연스럽게 이어 붙여 [쓰ㄹ]하고 발음하세요.

❾ 코-ㅌ caught은 catch[캐취: 잡다]의 과거형 및 과거분사형입니다.

확인하기 3 묵음 🎧 37-3

MP3로 들으세요

A 알맞은 발음을 [보기]에서 찾아 쓰세요.

[보기] 폴-언   나이프   밤   낙
       랩   싸이   댐   파잍

① wrap [   ]   ② sigh [   ]
③ foreign [   ]   ④ damn [   ]
⑤ bomb [   ]   ⑥ fight [   ]
⑦ knife [   ]   ⑧ knock [   ]

B 다음 발음과 맞는 단어를 고르세요.

① 플라잍   ☐ flight   ☐ bright   ☐ sight
② 내쉬   ☐ gash   ☐ flash   ☐ gnash
③ 썸   ☐ they   ☐ thick   ☐ thumb
④ 노우   ☐ grow   ☐ know   ☐ snow

정답

A ① 랩   ② 싸이   ③ 폴-언   ④ 댐
   ⑤ 밤   ⑥ 파잍   ⑦ 나이프   ⑧ 낙

B ① flight   ② gnash   ③ thumb   ④ know

C 발음을 보고 빈칸에 알맞은 철자를 써 넣으세요.

① 롱- ☐rong ② 하이 hig☐

③ 칼럼 colum☐ ④ 디자인 desi☐n

⑤ 닡 ☐nit ⑥ 코움 com☐

⑦ 램 la☐b ⑧ 라잍 li☐ht

D 다음 단어의 발음과 뜻을 써 보세요.

① write ② dough

③ climb ④ autumn

⑤ night ⑥ sign

⑦ wrist ⑧ knee

C ① w ② h ③ n ④ g ⑤ k ⑥ b ⑦ m ⑧ g
D ① [라읻] 쓰다, 적다 ② [도우] 반죽 ③ [클라임] 등반하다 ④ [오-텀] 가을
⑤ [나읻] 밤 ⑥ [싸인] 표지, 기호 ⑦ [리스트] 손목 ⑧ [니-] 무릎

쉬어가기 | 퍼즐로 익히는 발음

정답 ▶ 174쪽

발음에 맞는 철자를 넣어 다음 퍼즐을 완성시켜 보세요.

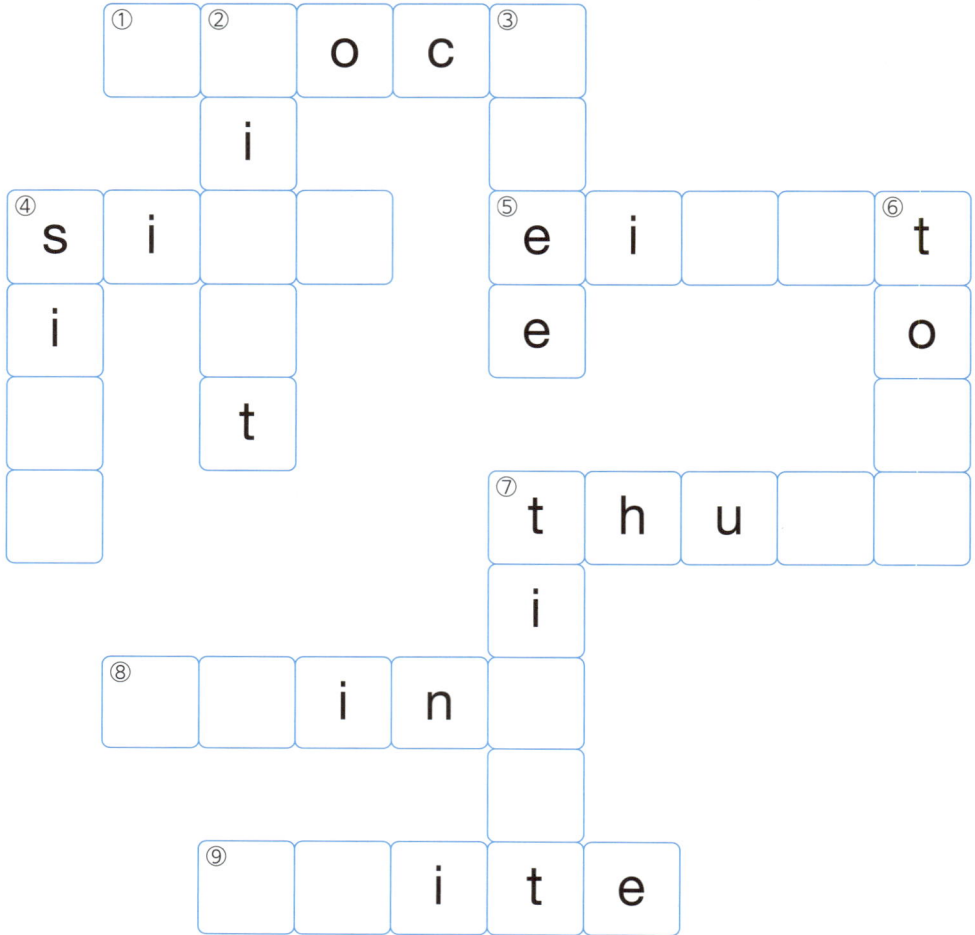

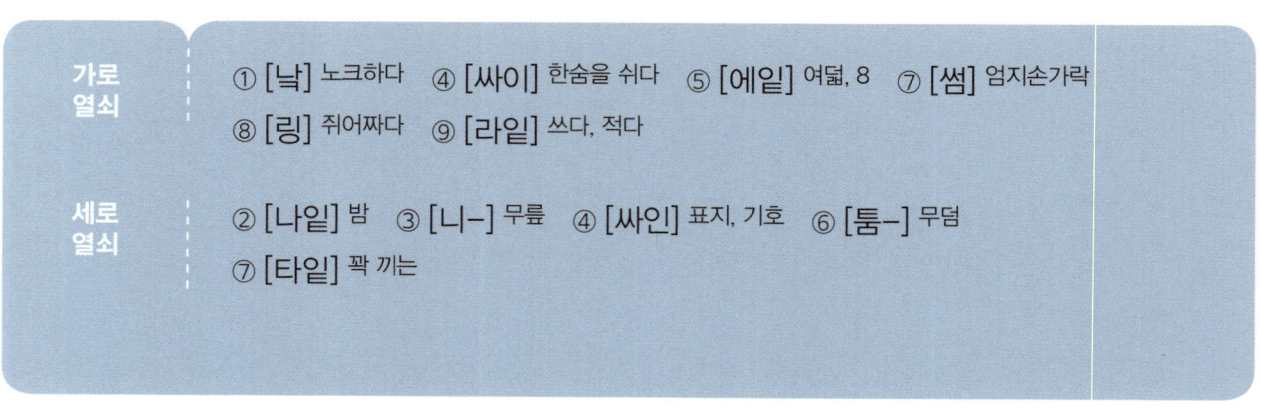

가로 열쇠
① [낙] 노크하다 ④ [싸이] 한숨을 쉬다 ⑤ [에잍] 여덟, 8 ⑦ [썸] 엄지손가락
⑧ [링] 쥐어짜다 ⑨ [라잍] 쓰다, 적다

세로 열쇠
② [나잍] 밤 ③ [니-] 무릎 ④ [싸인] 표지, 기호 ⑥ [툼-] 무덤
⑦ [타잍] 꽉 끼는

4

모음이 하나일 때
단모음

영어에서 모음은 a, e, i, o, u, 이렇게 5개입니다.
단모음은 짧게 소리 나는 모음을 말하는데,
'모음+자음'처럼 자음 없이 모음으로 시작하거나
'자음+모음+자음'처럼 두 자음 사이에 모음이 하나만
있을 때 단모음으로 소리 납니다. 여기서는 a, e, i, o, u가
단모음일 때 어떤 소리를 내는지 살펴보겠습니다.

미니강의 발음공식 **38**

a

- 우리말 소리 　**애**
- 발음 기호 　**[æ]**

소리 익히기　　a의 소리에 동그라미 치면서 단어를 읽어 보세요.　🎧 38-1

개미

ant　　앤트　　애+ㄴ+ㅌ

모자

c**a**p　　캡　　ㅋ+애+ㅍ

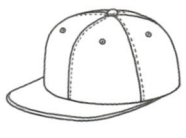
뚱뚱한

f**a**t　　팯　　ㅍ+애+ㅌ

손

h**a**nd　　핸드　　ㅎ+애+ㄴ+ㄷ

💬 이야기로 발음 익히기

택시기사인 도진은 종로에서 cap을 쓴 fat한 남자 한 명을 태웠는데, 그 승객은 좌석을 기어 다니는 ant를 발견하고는 깜짝 놀라며 hand로 털어냈습니다.

발음 힌트

- **ant** 자음 없이 모음으로 시작하는 단어 중에 a가 단모음으로 소리 나는 것에는 apple[애플: 사과], after[애프털: ~후에], album[앨범: 사진첩] 등이 있습니다.
- **hand** -nd에서 n은 ㄴ 받침처럼 소리 나고, d는 가볍게 [드]하고 발음합니다. sand[쌘드: 모래], band[밴드: 음악대]도 마찬가지입니다.

a=애

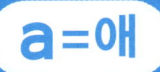

a는 입을 양옆으로 벌리며 [애]하고 발음합니다. 우리말 [애]보다는 좀 더 입을 쫙 벌린 상태에서 발음하세요.

발음 연습하기 [보기]처럼 단어의 발음을 쓰고 읽어 보세요. 38-2

보기 pan	ㅍ + 애 + ㄴ	[팬]	프라이팬
act	☐ + ㅋ + ㅌ	❶ [ ]	행동하다
add	☐ + ㄷ	❷ [ ]	더하다
bad	ㅂ + ☐ + ㄷ	❸ [ ]	나쁜
man	ㅁ + ☐ + ㄴ	❹ [ ]	남자
hat	ㅎ + ☐ + ㅌ	❺ [ ]	모자
lap	ㄹ + ☐ + ㅍ	❻ [ ]	무릎
pass	ㅍ + ☐ + ㅆ	❼ [ ]	통과하다
back	ㅂ + ☐ + ㅋ	❽ [ ]	뒤쪽의
cat	ㅋ + ☐ + ㅌ	❾ [ ]	고양이
map	ㅁ + ☐ + ㅍ	❿ [ ]	지도

발음 확인

정답 ❶ 액트 ❷ 앧 ❸ 밷 ❹ 맨 ❺ 핻 ❻ 랲 ❼ 패쓰 ❽ 백 ❾ 캩 ❿ 맾

해설 ❷ 앧 끝에 오는 dd는 [ㄷ] 소리를 한 번만 냅니다.

❽ 백 단어 끝의 ck는 k와 마찬가지로 [ㅋ] 소리를 내므로 -ack는 [액]으로 발음합니다. lack[랙: 부족함], pack[팩: 짐을 싸다]도 함께 알아 두세요.

미니강의 발음공식 **39**

e

- 우리말 소리 **에**
- 발음 기호 **[e]**

소리 익히기   e의 소리에 동그라미 치면서 단어를 읽어 보세요.   🎧 39-1

달걀

egg   엑   에+ㄱ

침대

bed   벧   ㅂ+에+ㄷ

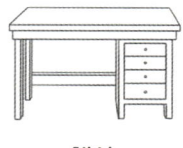
책상

desk   데스크   ㄷ+에+ㅅ+ㅋ

말하다

tell   텔   ㅌ+에+ㄹ

💬 이야기로 발음 익히기

도진은 아침 일찍 **bed**에서 일어나서 **desk** 위에 올려둔 휴대폰으로 날씨를 확인한 후, 아침식사로 **egg**를 먹으며 아내에게 외출하자고 **tell**했습니다.

발음 힌트

■ **egg**   e 뒤에 오는 gg는 [ㄱ] 소리를 내는데요. e 소리의 받침처럼 넣어 [엑]하고 발음합니다. 단모음 e로 시작하는 단어를 살펴 보면 edge[에쥐: 모서리], envy[엔비: 부러워하다], edit[에딭: 편집하다] 등이 있습니다.

e = 에

e는 입술을 살짝 양옆으로 벌려 [에]라고 발음합니다. a의 [애]보다는 입술을 조금 덜 벌린 상태에서 발음하세요.

발음 연습하기   [보기]처럼 단어의 발음을 쓰고 읽어 보세요. 🎧 39-2

보기	set	ㅆ + 에 + ㅌ	[쎝]	두다, 놓다
	end	□ + ㄴ + ㄷ	❶ [ ]	끝나다
	red	ㄹ + □ + ㄷ	❷ [ ]	빨간색, 빨간
	belt	ㅂ + □ + ㄹ + ㅌ	❸ [ ]	벨트, 허리띠
	cell	ㅆ + □ + ㄹ	❹ [ ]	세포
	help	ㅎ + □ + ㄹ + ㅍ	❺ [ ]	돕다
	men	ㅁ + □ + ㄴ	❻ [ ]	남자들
	west	우 + □ + ㅅ + ㅌ	❼ [ ]	서쪽
	sell	ㅆ + □ + ㄹ	❽ [ ]	팔다
	nest	ㄴ + □ + ㅅ + ㅌ	❾ [ ]	둥지
	net	ㄴ + □ + ㅌ	❿ [ ]	그물

발음 확인

정답 ❶ 엔드 ❷ 렏 ❸ 벨트 ❹ 쎌 ❺ 헬프 ❻ 멘 ❼ 웨스트 ❽ 쎌 ❾ 네스트 ❿ 넽

해설 ❹ 쎌 e 뒤에 오는 ll은 ㄹ 받침처럼 소리 나서 [쎌]하고 발음합니다. l이 두 개 있지만 한 번만 발음하면 됩니다. ❽도 발음이 [쎌]로 똑같습니다.

❻ 멘 men은 앞에서 배운 man[맨: 남자]의 복수형입니다.

i

- 우리말 소리   이
- 발음 기호   [i]

소리 익히기   i의 소리에 동그라미 치면서 단어를 읽어 보세요. 🎧 40-1

잉크

ink   잉크   이+ㅇ+ㅋ

앉다

sit   씯   ㅆ+이+ㅌ

큰

big   빅   ㅂ+이+ㄱ

아픈, 병든

sick   씩   ㅆ+이+ㅋ

💬 이야기로 발음 익히기

민자는 미술대회에 출품하려고 **ink**로 **big**한 그림을 그렸는데, 자리에 오래 **sit**했더니 나중에는 몸 여기저기가 **sick**했습니다.

발음 힌트

- **ink** nk는 n이 ㅇ 받침소리를 내므로 [응크]로 소리 납니다. 끝의 k는 성대를 올리지 말고 짧게 내뱉 듯 [크]하고 읽으세요.
- **sick** ck는 k와 마찬가지로 ㅋ을 앞 모음 소리의 받침처럼 넣어 발음합니다. 따라서 -ick는 kick[킥: 차다], pick[픽: 고르다]처럼 [익] 소리를 냅니다.

i는 짧게 [이]하고 발음합니다.

발음 연습하기 [보기]처럼 단어의 발음을 쓰고 읽어 보세요. 40-2

보기	pig	ㅍ + 이 + ㄱ	[픽]	돼지
	ill	□ + ㄹ	❶ [ ]	아픈
	it	□ + ㅌ	❷ [ ]	그것
	win	우 + □ + ㄴ	❸ [ ]	이기다
	hit	ㅎ + □ + ㅌ	❹ [ ]	치다, 때리다
	bill	ㅂ + □ + ㄹ	❺ [ ]	청구서
	kiss	ㅋ + □ + ㅆ	❻ [ ]	키스, 입맞춤
	swim	스우 + □ + ㅁ	❼ [ ]	수영하다
	milk	ㅁ + □ + ㄹ + ㅋ	❽ [ ]	우유
	rich	ㄹ + □ + 취	❾ [ ]	부유한
	ship	쉬 + □ + ㅍ	❿ [ ]	선박, 배

발음 확인

정답 ❶ 일 ❷ 잍 ❸ 윈 ❹ 힡 ❺ 빌 ❻ 키쓰 ❼ 스윔 ❽ 밀크 ❾ 리취 ❿ 쉬잎/쉽

해설 ❶ 일 ❺ 빌 모음 뒤에 오는 ll은 앞 모음 소리의 ㄹ 받침처럼 발음합니다.
❾ 리취 ch가 단어 끝에 올 때는 입술을 동그랗게 모은 상태에서 [취]하고 소리 냅니다.

발음공식 41

o

- 우리말 소리 **아**
- 발음 기호 **[a]**

소리 익히기 o의 소리에 동그라미 치면서 단어를 읽어 보세요. 🎧 41-1

황소

ox   악쓰   아+ㅋㅆ

더운, 뜨거운

hot   핱   ㅎ+아+ㅌ

양말

sock   싹   ㅆ+아+ㅋ

대걸레

mop   맢   ㅁ+아+ㅍ

💬 **이야기로 발음 익히기**

도진은 토요일 아침마다 ox라는 이름의 조기축구 팀에서 운동을 합니다. 어느 날은 날씨가 hot해서 여름 sock을 챙겨 신고 mop으로 청소를 한 후에 집을 나섰습니다.

발음 힌트

■ **ox** 단어 끝에 오는 x는 [크쓰]하고 발음합니다. 앞 모음 소리 [아]의 받침으로 [ㅋ] 소리를 넣고 끝에 [쓰] 소리를 약하게 내서 [악쓰]하고 발음하면 됩니다.

■ **sock** 단어 끝에 오는 ck는 k처럼 [ㅋ] 소리를 내는데, 앞 모음 소리 [아]의 받침처럼 들어가서 [싹]하고 발음합니다.

o는 입을 크게 벌리고 [아]하고 발음합니다.

발음 연습하기   [보기]처럼 단어의 발음을 쓰고 읽어 보세요. 🎧 41-2

보기	box	ㅂ + 아 + ㅋㅆ	[박쓰]	상자, 박스
	odd	☐ + ㄷ	❶ [ ]	이상한
	top	ㅌ + ☐ + ㅍ	❷ [ ]	정상, 맨 위
	mom	ㅁ + ☐ + ㅁ	❸ [ ]	엄마
	sob	ㅆ + ☐ + ㅂ	❹ [ ]	흐느끼다
	clock	클ㄹ + ☐ + ㅋ	❺ [ ]	시계
	stop	스ㅌ + ☐ + ㅍ	❻ [ ]	멈추다
	drop	드ㄹ + ☐ + ㅍ	❼ [ ]	하락하다
	pot	ㅍ + ☐ + ㅌ	❽ [ ]	냄비, 솥
	shock	쉬 + ☐ + ㅋ	❾ [ ]	충격
	god	ㄱ + ☐ + ㄷ	❿ [ ]	신, 하느님

발음 확인

정답 ❶ 앋 ❷ 탚 ❸ 맘 ❹ 쌉 ❺ 클락 ❻ 스탑 ❼ 드랖 ❽ 팥 ❾ 쉬악/샥 ❿ 갇

해설 ❶ 앋   d가 2개 있지만 한 번만 발음합니다.

❺ 클락 ❾ 쉬악/샥   ck는 [ㅋ] 하고 소리 나므로, -ock는 [악]으로 발음하세요.

❼ 드랖   미국사람들은 dr을 쥬ㄹ에 가깝게 발음하는 경향이 있어서, drop을 [쥬랍]이라고도 합니다.

u

- 우리말 소리　어
- 발음 기호　[ʌ]

소리 익히기　u의 소리에 동그라미 치면서 단어를 읽어 보세요.　🎧 42-1

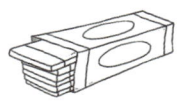
위로, 위에

up　엎　어+ㅍ

껌

gum　검　ㄱ+어+ㅁ

달리다

run　런　ㄹ+어+ㄴ

버스

bus　버쓰　ㅂ+어+ㅆ

💬 이야기로 발음 익히기

도진은 gum을 씹으며 지하철을 타고 가다가 서울역에 내려 계단을 up했습니다. 그때, 저 멀리서 집에 가는 bus가 오는 것이 보여서 정류장까지 run했습니다.

발음 힌트

- **up**　p는 윗니를 아랫입술에 붙이며 [프]하고 발음하는 f와 달리 두 입술을 붙였다 떼며 성대를 울리지 않고 [ㅍ]하고 발음합니다. [엎]하고 발음하세요.
- **gum**　여기서 g는 [ㄱ] 소리를 냅니다. 우리말로는 '껌'이라고 하지만 정확한 영어 발음은 [검]이므로 된소리로 발음하지 않게 주의하세요.

u는 [어]로 발음하는데, 이때 우리말 [어]보다는 혀끝을 좀 더 내려서 발음하세요.

발음 연습하기 [보기]처럼 단어의 발음을 쓰고 읽어 보세요. 42-2

보기	cup	ㅋ + 어 + ㅍ	[컾]	컵
	ugly	□ + 글ㄹ + 이	❶ [ ]	못생긴
	under	□ + ㄴ + ㄷ + 얼	❷ [ ]	~아래에
	gun	ㄱ + □ + ㄴ	❸ [ ]	총
	hut	ㅎ + □ + ㅌ	❹ [ ]	오두막
	fun	ㅍ + □ + ㄴ	❺ [ ]	재미있는
	cut	ㅋ + □ + ㅌ	❻ [ ]	자르다
	bug	ㅂ + □ + ㄱ	❼ [ ]	벌레
	duck	ㄷ + □ + ㅋ	❽ [ ]	오리
	mug	ㅁ + □ + ㄱ	❾ [ ]	머그잔
	trust	트ㄹ + □ + ㅅ + ㅌ	❿ [ ]	신뢰하다

발음 확인

정답 ❶ 어글리 ❷ 언덜 ❸ 건 ❹ 헡 ❺ 펀 ❻ 컽 ❼ 벅 ❽ 덕 ❾ 먹 ❿ 트러스트

해설 ❶ 어글리   gl은 glad[글랟: 기쁜], glass[글래쓰: 유리컵]에서 보듯 [글ㄹ]로 발음합니다.

❷ 언덜   단어 끝에 오는 er은 [얼]로 소리 납니다.

❽ 덕   ck 는 [ㅋ] 소리를 내므로, 받침처럼 넣어서 [덕]하고 발음하세요.

확인하기 4 단모음 🎧 42-3

MP3로 들으세요

A 알맞은 발음을 [보기]에서 찾아 쓰세요.

[보기]　키쓰　엎　씩　캡
　　　　건　밷　락　엑

① sick ____　　② egg ____
③ cap ____　　④ up ____
⑤ gun ____　　⑥ lock ____
⑦ bad ____　　⑧ kiss ____

B 다음 발음과 맞는 단어를 고르세요.

① 컽　　□ cot　　□ cat　　□ cut
② 맢　　□ map　　□ mug　　□ mop
③ 잍　　□ of　　□ it　　□ at
④ 햍　　□ hat　　□ hit　　□ hot

정답　A　① 씩　② 엑　③ 캡　④ 엎
　　　　⑤ 건　⑥ 락　⑦ 밷　⑧ 키쓰
　　　B　① cut　② mop　③ it　④ hat

C 발음을 보고 빈칸에 알맞은 철자를 써 넣으세요.

① 잉크　　　☐nk　　　　② 텔　　　t☐ll

③ 맨　　　　m☐n　　　　④핫　　　h☐t

⑤ 펀　　　　f☐n　　　　　⑥ 캣　　　c☐t

⑦ 악쓰　　　☐x　　　　　⑧ 네스트　n☐st

D 다음 단어의 발음과 뜻을 써 보세요.

① fat　　　　　　　　　② run

③ desk　　　　　　　　④ ant

⑤ big　　　　　　　　　⑥ bed

⑦ sock　　　　　　　　⑧ sit

C ① i　② e　③ a　④ o　⑤ u　⑥ a　⑦ o　⑧ e
D ①[퍁] 뚱뚱한　②[런] 달리다　③[데스크] 책상　④[앤트] 개미
　　⑤[빅] 큰　⑥[벧] 침대　⑦[싹] 양말　⑧[싵] 앉다

123

쉬어가기: 퍼즐로 익히는 발음

정답 ▶ 174쪽

발음에 맞는 철자를 넣어 다음 퍼즐을 완성시켜 보세요.

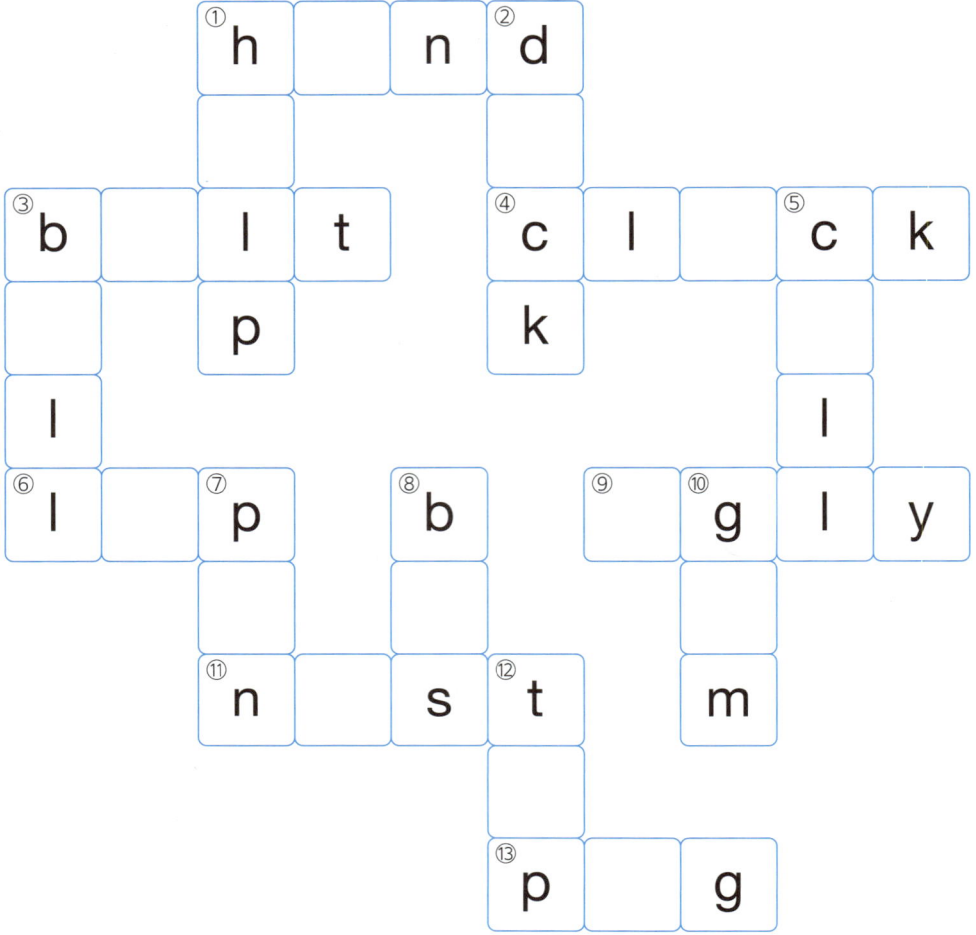

가로 열쇠
① [핸드] 손 ③ [벨트] 허리띠 ④ [클락] 시계 ⑥ [랲] 무릎 ⑨ [어글리] 못 생긴
⑪ [네스트] 둥지 ⑬ [픽] 돼지

세로 열쇠
① [헬프] 돕다 ② [덕] 오리 ③ [빌] 지폐 ⑤ [쎌] 세포 ⑦ [팬] 프라이팬
⑧ [버쓰] 버스 ⑩ [검] 껌 ⑫ [탑] 정상, 맨 위

5

알파벳 이름대로 소리 나는
장모음

장모음은 모음이 이름 그대로 소리 나는 것을 말합니다.
모음이 두 개 있을 때, 앞의 모음은 알파벳 소리대로
발음하지만 그 뒤의 모음은 발음하지 않습니다.
여기서는 a-e, i-e, o-e, u-e, -e, e-e처럼
e로 끝나는 단어들을 중심으로 장모음일 때
어떤 소리가 나는지 살펴보겠습니다.

a-e

- 우리말 소리   **에이**
- 발음 기호   **[ei]**

소리 익히기   a-e의 소리에 동그라미 치면서 단어를 읽어 보세요.   🎧 43-1

꽃병	**vase**	베이쓰	ㅂ+에이+ㅆ
날짜	**date**	데잍	ㄷ+에이+ㅌ
이름	**name**	네임	ㄴ+에이+ㅁ
잠이 깨다	**wake**	웨잌	우+에이+ㅋ

💬 **이야기로 발음 익히기**

오늘 **date**은 8월 13일입니다. 민자는 어머니의 생신을 맞아 아침 일찍 **wake**한 후, 어머니의 **name**을 쓴 케이크를 굽고 **vase**에는 꽃을 꽂아 예쁘게 장식했습니다.

발음 힌트

- **vase** v는 두 입술을 붙이지 말고 윗니를 아랫입술에 붙였다 떼며 [브]하고 발음하세요. 끝의 s는 [ㅆ] 소리를 냅니다.
- **wake** 단어 끝에 쓰인 e는 발음하지 않으므로, e 앞에 오는 알파벳 k를 [에이] 소리의 받침처럼 넣어 [웨잌]으로 발음합니다.

a-e = 에이

'a+자음+e'는 뒤에 있는 e를 발음하지 않고 앞의 a만 알파벳 이름 그대로 [에이]하고 발음합니다.

발음 연습하기 [보기]처럼 단어의 발음을 쓰고 읽어 보세요. 🎧 43-2

보기	face	ㅍ + 에이 + ㅆ	[페이쓰]	얼굴
	race	ㄹ + ☐ + ㅆ	❶ [ ]	경주
	tape	ㅌ + ☐ + ㅍ	❷ [ ]	접착 테이프
	mate	ㅁ + ☐ + ㅌ	❸ [ ]	짝, 친구
	game	ㄱ + ☐ + ㅁ	❹ [ ]	게임, 경기
	cage	ㅋ + ☐ + 쥐	❺ [ ]	새장, 우리
	make	ㅁ + ☐ + ㅋ	❻ [ ]	만들다
	gate	ㄱ + ☐ + ㅌ	❼ [ ]	대문
	cake	ㅋ + ☐ + ㅋ	❽ [ ]	케이크
	lane	ㄹ + ☐ + ㄴ	❾ [ ]	좁은 길
	save	ㅆ + ☐ + ㅂ	❿ [ ]	절약하다

발음 확인

정답 ❶ 레이쓰 ❷ 테잎 ❸ 메잍 ❹ 게임 ❺ 케이쥐 ❻ 메읶 ❼ 게잍 ❽ 케잌 ❾ 레인 ❿ 쎄이브

해설 ❶ 레이쓰   e 앞에 오는 c는 s처럼 [ㅆ] 소리가 나므로 -ace는 [에이쓰]로 발음합니다.

❺ 케이쥐   -age는 page[페이쥐: 쪽], wage[웨이쥐: 임금]에서 보듯 [에이쥐]로 발음합니다.

❽ 케잌   한국어는 '케이크'로 끝소리까지 강하게 읽지만, 영어에서는 [케잌]처럼 끝소리를 짧게 끊어서 읽으므로 주의하세요.

발음공식 44

-e / e-e

- 우리말 소리: 이-
- 발음 기호: [i:]

소리 익히기 -e와 e-e의 소리에 동그라미 치면서 단어를 읽어 보세요. 🎧 44-1

그녀는
she   쉬-   쉬+이-

그는
he   히-   ㅎ+이-

장면
scene   씬-   ㅆ+이-+ㄴ

저녁
evening 이-브닝   이-+ㅂ+ㄴ+이+ㅇ

💬 이야기로 발음 익히기

도진은 아내와 함께 토요일 evening에 연극을 보러 대학로에 갔습니다. he와 she는 집에 돌아와서도 열정적인 무대를 선보였던 배우들의 scene이 계속 생각났습니다.

발음 힌트

- **scene** 여기서 sc는 [스ㅋ]로 발음하지 않고 s만 소리 나서 [ㅆ]하고 발음합니다. 이렇게 sc가 예외적으로 [ㅆ] 소리를 내는 단어에는 science[싸이언쓰: 과학], scissors[씨절즈: 가위]가 있습니다.

- **evening** ng는 ㅇ 받침으로 소리 나므로 -ing는 [잉]으로 발음합니다.

-e = 이-   e-e = 이-

e가 단어 끝에 오는 '자음+e' 형태의 단어는 e가 길게 [이-] 하고 소리 납니다. 또한 'e+자음+e'에서도 끝의 e는 소리 나지 않고 앞의 e만 길게 [이-]로 소리 납니다.

발음 연습하기   [보기]처럼 단어의 발음을 쓰고 읽어 보세요.   🎧 44-2

보기	me	ㅁ + 이-	[미-]	나를
	be	ㅂ + ☐	❶ [ ]	~이다, 있다
	we	우 + ☐	❷ [ ]	우리는
	eve	☐ + ㅂ	❸ [ ]	전날 밤
	gene	ㅈ + ☐ + ㄴ	❹ [ ]	유전자
	these	ㄷ + ☐ + ㅈ	❺ [ ]	이것들
	delete	ㄷ+이+ㄹ+ㄹ+☐+ㅌ	❻ [ ]	삭제하다
	scheme	스ㅋ + ☐ + ㅁ	❼ [ ]	계획, 기획
	theme	ㅆ + ☐ + ㅁ	❽ [ ]	주제, 테마
	Chinese	ㅊ+아이+ㄴ+☐+ㅈ	❾ [ ]	중국인, 중국어
	obese	오우+ㅂ+☐+ㅆ	❿ [ ]	비만인, 살찐

발음 확인

정답 ❶ 비- ❷ 위- ❸ 이-브 ❹ 진- ❺ 디-즈 ❻ 딜리-트 ❼ 스킴- ❽ 씸-
❾ 차이니-즈 ❿ 오우비-쓰

해설 ❻ 딜리-트 d 뒤에 나오는 e는 [이]하고 짧은 소리를 냅니다.
❼ 스킴- sch는 school[스쿨-: 학교]에서 보듯 [스ㅋ]하고 소리 납니다.
❾ 차이니-즈 국적과 언어를 나타내는 단어는 첫 글자를 대문자로 씁니다.

i-e

- 우리말 소리　**아이**
- 발음 기호　**[ai]**

소리 익히기　i-e의 소리에 동그라미 치면서 단어를 읽어 보세요.　🎧 45-1

아내

w**i**f**e**　와이프　ㅇ+아이+ㅍ

식사를 하다

d**i**n**e**　다인　ㄷ+아이+ㄴ

시간

t**i**m**e**　타임　ㅌ+아이+ㅁ

쌀, 벼

r**i**c**e**　라이쓰　ㄹ+아이+ㅆ

💬 **이야기로 발음 익히기**

도진은 친구들을 집으로 초대해 **dine** 하기로 했습니다. 도진의 **wife**가 **rice**로 요리를 하는 동안, 도진은 고기를 구웠습니다. 약속 **time**이 되자 친구들이 도착했습니다.

발음 힌트

- **wife** 단어 끝에 오는 f는 두 입술을 붙이지 말고 윗니를 아랫입술에 붙였다 떼면서 성대를 울리지 않고 [프]하고 발음합니다.
- **rice** e 앞의 c는 [ㅆ]로 소리 나므로 -ice는 [아이쓰]라고 읽습니다.

i-e = 아이

'i+자음+e'는 뒤에 있는 e는 발음하지 않고 앞의 i만 알파벳 이름 그대로 [아이]하고 발음합니다.

발음 연습하기   [보기]처럼 단어의 발음을 쓰고 읽어 보세요. 🎧 45-2

보기	nice	ㄴ + 아이 + ㅆ	[나이쓰]	좋은, 괜찮은
	ride	ㄹ + ☐ + ㄷ	❶ [ ]	(차량에) 타다
	line	ㄹ + ☐ + ㄴ	❷ [ ]	선, 줄
	dice	ㄷ + ☐ + ㅆ	❸ [ ]	주사위
	wise	우 + ☐ + ㅈ	❹ [ ]	현명한
	life	ㄹ + ☐ + ㅍ	❺ [ ]	삶, 인생
	mine	ㅁ + ☐ + ㄴ	❻ [ ]	내 것
	vice	ㅂ + ☐ + ㅆ	❼ [ ]	악, 부도덕
	bite	ㅂ + ☐ + ㅌ	❽ [ ]	물다, 깨물다
	lime	ㄹ + ☐ + ㅁ	❾ [ ]	라임
	dive	ㄷ + ☐ + ㅂ	❿ [ ]	잠수하다

발음 확인

정답 ❶ 라읻 ❷ 라인 ❸ 다이쓰 ❹ 와이즈 ❺ 라이프 ❻ 마인 ❼ 바이쓰 ❽ 바읻 ❾ 라임 ❿ 다이브

해설 ❹ 와이즈   여기서 s는 z처럼 [즈]하고 발음합니다.
❾ 라임   lime은 레몬과 비슷하게 생긴 녹색 과일을 말합니다.

o-e

- 우리말 소리 오우
- 발음 기호 [ou]

소리 익히기 o-e의 소리에 동그라미 치면서 단어를 읽어 보세요. 🎧 46-1

집, 가정

ho**m**e   호움   ㅎ+오우+ㅁ

밧줄

ro**p**e   로웊   ㄹ+오우+ㅍ

투표하다

vo**t**e   보웉   ㅂ+오우+ㅌ

난로

sto**v**e   스토우브   스ㅌ+오우+ㅂ

💬 이야기로 발음 익히기

선거일에 도진은 아침 일찍 vote하고 home으로 돌아왔습니다. 정원에 가서 꽃을 심고 나뭇가지에 매단 그네의 rope도 단단히 묶은 뒤, stove를 켜고 불을 쬐었습니다.

발음 힌트

- **home** -ome는 m 소리가 ㅁ 받침처럼 소리 나서 [오움]이라고 발음하는데요, come[컴: 오다], some[썸: 약간의]처럼 예외적으로 [엄] 소리가 나기도 합니다.
- **vote/stove** v는 두 입술을 붙이지 말고 윗니를 아랫입술에 붙였다 떼면서 성대를 울리며 [브]하고 발음하세요.

'o+자음+e'는 뒤에 있는 e는 발음하지 않고 앞의 o만 알파벳 이름 그대로 [오우] 하고 발음합니다.

발음 연습하기   [보기]처럼 단어의 발음을 쓰고 읽어 보세요.   🎧 46-2

보기	nose	ㄴ + 오우 + ㅈ	[노우즈]	코
	hope	ㅎ + ☐ + ㅍ	❶ [ ]	희망
	note	ㄴ + ☐ + ㅌ	❷ [ ]	기록하다
	rose	ㄹ + ☐ + ㅈ	❸ [ ]	장미
	joke	ㅈ + ☐ + ㅋ	❹ [ ]	농담
	role	ㄹ + ☐ + ㄹ	❺ [ ]	역할
	close	클ㄹ + ☐ + ㅈ	❻ [ ]	(문을) 닫다
	smoke	스ㅁ + ☐ + ㅋ	❼ [ ]	흡연하다
	slope	슬ㄹ + ☐ + ㅍ	❽ [ ]	경사지, 비탈
	cone	ㅋ + ☐ + ㄴ	❾ [ ]	원뿔
	dome	ㄷ + ☐ + ㅁ	❿ [ ]	둥근 지붕

발음 확인

정답 ❶ 호웊 ❷ 노웉 ❸ 로우즈 ❹ 조욱 ❺ 로울 ❻ 클로우즈 ❼ 스모욱 ❽ 슬로웊 ❾ 코운 ❿ 도움

해설 ❹ 조욱   j는 입을 동그랗게 모은 상태에서 [주]와 [쥐]의 중간소리로 발음합니다.
   ❾ 코운   cone은 아이스크림을 담는 원뿔 모양의 '콘'을 의미하기도 합니다.

발음공식 47

u-e

- 우리말 소리   유- 우-
- 발음 기호   [juː] [uː]

소리 익히기   u-e의 소리에 동그라미 치면서 단어를 읽어 보세요. 🎧 47-1

귀여운

c**ute**   큐-트   ㅋ+유-+ㅌ

노새

m**ule**   뮬-   ㅁ+유-+ㄹ

6월

J**une**   준-   ㅈ+우-+ㄴ

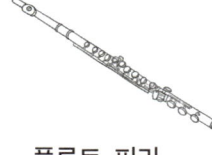
플루트, 피리

fl**ute**   플루-트   플ㄹ+우-+ㅌ

💬 **이야기로 발음 익히기**

무더운 June 오후에 민자는 미술관에 갔습니다. 가장 인상 깊었던 작품은 cute한 소년이 작은 mule 위에 앉아 flute를 부는 그림이었습니다.

발음 힌트

- **cute/flute** 끝의 [트] 발음은 약화시켜 발음합니다. [유] 소리를 길게 빼서 [큐울], [플루울]처럼 발음해 보세요.
- **June** 첫 글자 J는 달 이름이기 때문에 대문자로 쓰는데요, 단어 끝에 오는 n은 ㄴ 소리를 장모음 u의 받침처럼 넣어 [준-]으로 발음합니다.

134

u-e = 유-/우-

'u+자음+e'는 뒤에 있는 e는 발음하지 않고 앞의 u만 알파벳 이름 그대로 [유-]하고 길게 발음하거나 [우-]로 길게 발음합니다.

발음 연습하기 [보기]처럼 단어의 발음을 쓰고 읽어 보세요. 🎧 47-2

보기	fuse	ㅍ + 유- + ㅈ	[퓨-즈]	(전기) 퓨즈
	mute	ㅁ + ☐ + ㅌ	❶ [ ]	무언의, 벙어리
	cube	ㅋ + ☐ + ㅂ	❷ [ ]	정육면체
	huge	ㅎ + ☐ + 쥐	❸ [ ]	거대한
	use	☐ + ㅈ	❹ [ ]	사용하다
보기	rude	ㄹ + 우- + ㄷ	[루-드]	무례한
	tube	ㅌ + ☐ + ㅂ	❺ [ ]	튜브, 관
	rule	ㄹ + ☐ + ㄹ	❻ [ ]	규칙, 규정
	nude	ㄴ + ☐ + ㄷ	❼ [ ]	나체의
	prune	프ㄹ + ☐ + ㄴ	❽ [ ]	자두

발음 확인

정답 ❶ 뮤-트 ❷ 큐-브 ❸ 휴-쥐 ❹ 유-즈 ❺ 튜-브 ❻ 룰- ❼ 누-드 ❽ 프룬-

해설 ❸ 휴-쥐 단어 끝에 오는 ge는 [쥐]하고 발음합니다.
❹ 유-즈 use가 '사용'이라는 뜻의 명사일 때는 s가 [ㅆ] 소리가 나서 [유-쓰]로 읽습니다.
❺ 튜-브 ❼ 누-드 영국에서는 tube를 [튜-브], nude를 [뉴-드]로 읽습니다.

확인하기 5 장모음 🎧 47-3

MP3로 들으세요

A 알맞은 발음을 [보기]에서 찾아 쓰세요.

[보기]　이-브닝　　플루-트　　다인　　게임
　　　　웨익　　　루-드　　　호움　　라이프

① wake _____　② dine _____

③ rude _____　④ home _____

⑤ evening _____　⑥ life _____

⑦ game _____　⑧ flute _____

B 다음 발음과 맞는 단어를 고르세요.

① 히-　　　　☐ me　　　☐ she　　　☐ he

② 스토우브　☐ street　☐ stove　☐ stake

③ 메익　　　☐ make　　☐ mike　　☐ mute

④ 큐-브　　☐ cake　　☐ cone　　☐ cube

정답

A　① 웨익　② 다인　③ 루-드　④ 호움
　　⑤ 이-브닝　⑥ 라이프　⑦ 게임　⑧ 플루-트

B　① he　② stove　③ make　④ cube

C 발음을 보고 빈칸에 알맞은 철자를 써 넣으세요.

① 보울   v☐te   ② 뮬-   m☐le

③ 라이쓰   r☐ce   ④ 디-즈   th☐se

⑤ 데잍   d☐te   ⑥ 나이쓰 n☐ce

⑦ 쉬-   sh☐   ⑧ 케잌   c☐ke

D 다음 단어의 발음과 뜻을 써 보세요.

① cute   ☐☐   ② time   ☐☐

③ rope   ☐☐   ④ scene   ☐☐

⑤ name   ☐☐   ⑥ June   ☐☐

⑦ wife   ☐☐   ⑧ vase   ☐☐

C ① o ② u ③ i ④ e ⑤ a ⑥ i ⑦ e ⑧ a
D ① [큐-트] 귀여운   ② [타임] 시간   ③ [로웊] 밧줄   ④ [씬-] 장면
  ⑤ [네임] 이름   ⑥ [준-] 6월   ⑦ [와이프] 아내   ⑧ [베이쓰] 꽃병

쉬어가기 | 퍼즐로 익히는 발음

정답 ▶ 175쪽

발음에 맞는 철자를 넣어 다음 퍼즐을 완성시켜 보세요.

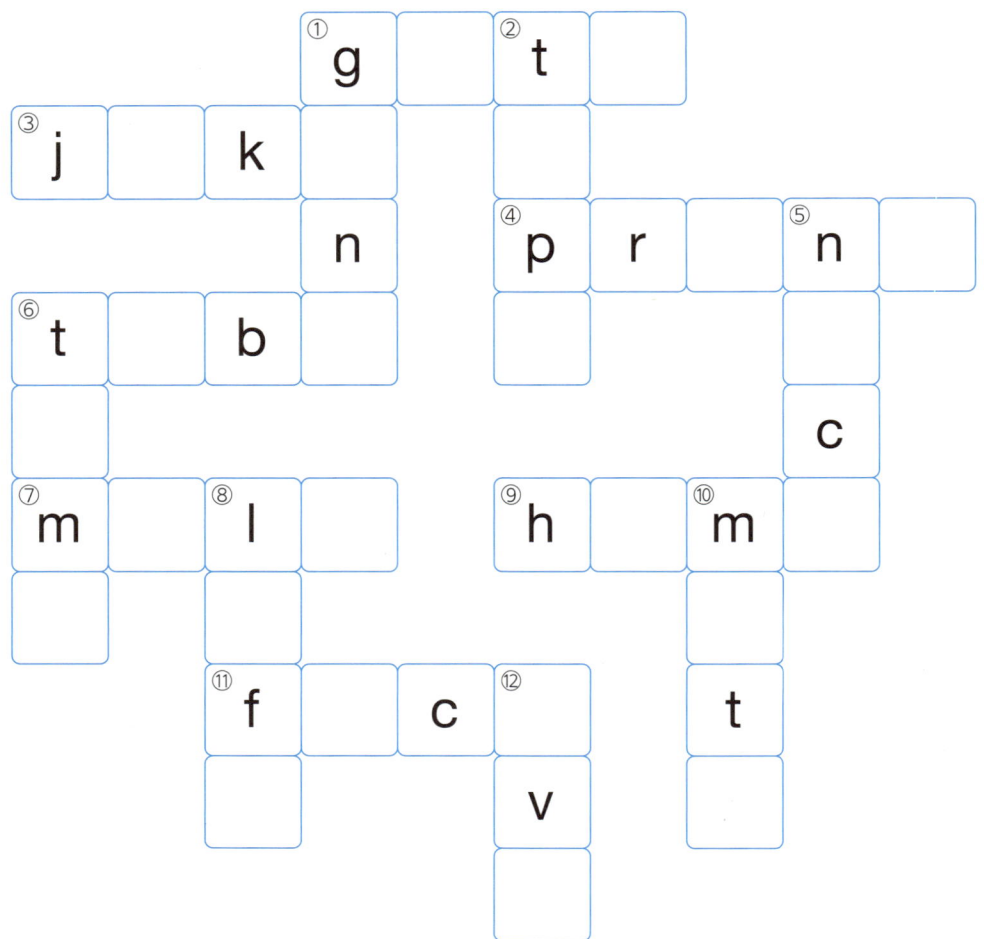

가로 열쇠
① [게잍] 대문　③ [조욱] 농담　④ [프룬-] 자두　⑥ [투-브] 튜브, 관　⑦ [뮬-] 노래
⑨ [호움] 집, 가정　⑪ [페이쓰] 얼굴

세로 열쇠
① [진-] 유전자　② [테잎] 접착 테이프　⑤ [나이쓰] 좋은, 괜찮은　⑥ [타임] 시간
⑧ [라이프] 인생　⑩ [메잍] 짝, 친구　⑫ [이-브] 전날 밤

6

모음과 모음의 만남
이중모음

모음 a, e, i, o, u는 다른 모음과 함께 쓰이거나 반모음인 y와 w가 모음 뒤에 붙어 새로운 소리를 낼 때도 있습니다. 이번에는 두 개의 모음이 만나면 어떤 소리가 나는지 살펴보겠습니다.

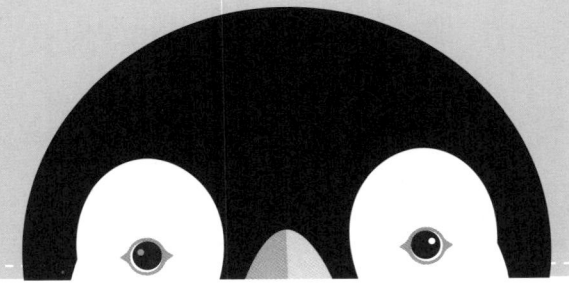

발음공식 48

ai/ay

- 우리말 소리 에이
- 발음 기호 [ei]

소리 익히기 ai와 ay의 소리에 동그라미 치면서 단어를 읽어 보세요. 🎧 48-1

우편, 우편물

mail   메일   ㅁ+에이+ㄹ

기다리다

wait   웨잍   우+에이+ㅌ

지불하다

pay   페이   ㅍ+에이

회색

gray   그레이   그ㄹ+에이

💬 이야기로 발음 익히기

민자는 **mail**을 보내려고 우체국에 갔는데 사람이 너무 많아서 30분이나 **wait**했습니다. 요금을 **pay**하고 밖으로 나왔는데 하늘이 **gray**로 비가 쏟아질 것 같았습니다.

발음 힌트

- **mail** 단어 끝에 오는 l은 ㄹ 받침처럼 읽습니다. 따라서 -ail은 jail[제일: 감옥], fail[페일: 실패하다]에서 보듯 [에일]로 발음합니다.
- **wait** 단어 끝의 t는 앞 모음 소리의 받침처럼 소리 나는데, 성대를 울리지 않고 공기만 내뱉듯 가볍게 [ㅌ]하고 발음하세요.

ai=에이   ay=에이

a 뒤에 i 또는 y가 오면 i와 y는 소리가 나지 않고 a만 알파벳 이름 그대로 [에이]하고 발음합니다.

발음 연습하기   [보기]처럼 단어의 발음을 쓰고 읽어 보세요. 🎧 48-2

보기	aid	에이 + ㄷ	[에인]	지원
	nail	ㄴ + □ + ㄹ	❶ [ ]	손톱
	tail	ㅌ + □ + ㄹ	❷ [ ]	꼬리
	aim	□ + ㅁ	❸ [ ]	목표, 목적
	train	트ㄹ + □ + ㄴ	❹ [ ]	기차

보기	day	ㄷ + 에이	[데이]	날, 하루
	say	ㅆ + □	❺ [ ]	말하다
	stay	스ㅌ + □	❻ [ ]	머물다
	May	ㅁ + □	❼ [ ]	5월
	lay	ㄹ + □	❽ [ ]	~을 놓다

발음 확인

정답 ❶ 네일 ❷ 테일 ❸ 에임 ❹ 트레인 ❺ 쎄이 ❻ 스테이 ❼ 메이 ❽ 레이

해설 ❹ 트레인   n은 단어 끝에서 ㄴ 받침으로 소리 나므로 -ain은 [에인]이라고 읽습니다. gain[게인: 얻다], pain[페인: 고통], rain[레인: 비]도 함께 알아 두세요.

❼ 메이   May는 달 이름이므로 첫 글자를 대문자로 씁니다. 소문자로 쓴 may는 '~일지도 모른다'라는 뜻입니다.

ee/ea

- 우리말 소리   이—
- 발음 기호   [i:]

소리 익히기   ee와 ea의 소리에 동그라미 치면서 단어를 읽어 보세요. 🎧 49-1

만나다

meet   미—트   ㅁ+이—+ㅌ

나무

tree   트리—   트ㄹ+이—

바다

sea   씨—   ㅆ+이—

먹다

eat   이—트   이—+ㅌ

💬 이야기로 발음 익히기

도진은 tree가 우거진 산에 갔다가 고등학교 시절 친구를 meet하였습니다. 두 사람은 자동차를 타고 sea에 가서 조개구이를 eat하며 이야기를 나누었습니다.

발음 힌트

- **meet/eat** 단어 끝의 t는 앞 모음 소리의 받침처럼 소리 나는데, 여기서는 앞 모음이 장음이므로 성대를 울리지 않고 공기만 내뱉듯 가볍게 [트]하고 발음하세요.
- **tree** tr은 [트ㄹ]하고 혀끝을 목구멍 안쪽으로 말면서 발음합니다.

ee=이- ea=이-

e가 두 개 연달아 온 ee는 길게 [이-]하고 발음합니다. e가 a와 만나도 마찬가지로 길게 [이-]하고 발음하지요.

발음 연습하기   [보기]처럼 단어의 발음을 쓰고 읽어 보세요. 🎧 49-2

보기	단어	분해	발음	뜻
보기	d**ee**p	ㄷ + 이- + ㅍ	[디-프]	깊은
	s**ee**	ㅆ + [ ]	❶ [ ]	보다
	f**ee**l	ㅍ + [ ] + ㄹ	❷ [ ]	느끼다
	k**ee**p	ㅋ + [ ] + ㅍ	❸ [ ]	지키다
	gr**ee**n	그ㄹ + [ ] + ㄴ	❹ [ ]	초록색
보기	d**ea**l	ㄷ + 이- + ㄹ	[딜-]	거래
	m**ea**l	ㅁ + [ ] + ㄹ	❺ [ ]	식사
	r**ea**d	ㄹ + [ ] + ㄷ	❻ [ ]	읽다
	sp**ea**k	스ㅍ + [ ] + ㅋ	❼ [ ]	말하다
	b**ea**t	ㅂ + [ ] + ㅌ	❽ [ ]	이기다

발음 확인

정답 ❶ 씨- ❷ 필- ❸ 키-프 ❹ 그린- ❺ 밀- ❻ 리-드 ❼ 스피-크 ❽ 비-트

해설 ❶ 씨-   see와 sea는 발음이 [씨-]로 같습니다.

❹ 그린-   gr은 혀끝을 목구멍 쪽으로 말면서 [그ㄹ]하고 발음합니다.

❼ 스피-크   s 뒤에 나오는 p는 된소리 [ㅃ]에 가깝게 발음하는 경향이 있으므로 [스삐-크]라고도 발음해 보세요.

ie

- 우리말 소리 **이- 아이**
- 발음 기호 **[iː] [ai]**

소리 익히기   ie의 소리에 동그라미 치면서 단어를 읽어 보세요. 🎧 50-1

조각

pie**ce**   피-쓰   ㅍ+이-+ㅆ

도둑

thie**f**   쓰-프   ㅆ+이-+ㅍ

넥타이

tie   타이   ㅌ+아이

파이

pie   파이   ㅍ+아이

💬 이야기로 발음 익히기

도진은 백화점에서 사과로 만든 pie 여섯 piece와 파란색 tie를 구입했습니다. 그런데 그만 thief가 지갑을 훔쳐가 버렸습니다.

발음 힌트

- **piece** 단어 끝에 오는 e는 발음하지 않는데, c는 e 앞에 올 때는 [ㅆ] 소리를 냅니다. 참고로, peace[피-쓰: 평화]와 piece는 발음이 같습니다.
- **thief** 여기서 th는 혀끝을 윗니와 아랫니 사이에 넣었다가 살짝 빼면서 성대를 울리지 않고 [ㅆ]하고 소리 냅니다.

ie = 이-/아이

i와 e가 만나면 주로 길게 [이-]하고 발음합니다. 단어에 따라서는 [아이]라고 발음할 때도 있는데, '자음+ie'로 된 단어에서 주로 이렇게 소리 납니다.

발음 연습하기   [보기]처럼 단어의 발음을 쓰고 읽어 보세요. 🎧 50-2

보기	grief	그ㄹ + 이- + ㅍ	[그리-프]	슬픔
	niece	ㄴ + ☐ + ㅆ	❶ [ ]	여자조카
	field	ㅍ + ☐ + ㄹ + ㄷ	❷ [ ]	들판
	chief	ㅊ + ☐ + ㅍ	❸ [ ]	최고위자
	brief	브ㄹ + ☐ + ㅍ	❹ [ ]	간결한
보기	fried	프ㄹ + 아이 + ㄷ	[프라인]	튀겼다, 튀긴
	lie	ㄹ + ☐	❺ [ ]	거짓말
	die	ㄷ + ☐	❻ [ ]	죽다
	tried	트ㄹ + ☐ + ㄷ	❼ [ ]	노력했다
	cried	크ㄹ + ☐ + ㄷ	❽ [ ]	울었다

발음 확인

정답 ❶ 니-쓰 ❷ 필-드 ❸ 치-프 ❹ 브리-프 ❺ 라이 ❻ 다이 ❼ 트라일 ❽ 크라일

해설 ❹ 브리-프   단어 앞의 br는 [블르]가 아니라 [브르]하고 혀를 굴려 발음합니다.

❼ 트라일 ❽ 크라일   tried는 try[트라이: 노력하다]의 과거형, cried는 cry[크라이: 울다]의 과거형입니다. 단어 끝의 d는 살짝 덧붙이듯 약하게 [드] 소리를 내세요.

oa / ou

- 우리말 소리   오우 / 아우
- 발음 기호   [ou] / [au]

소리 익히기   oa와 ou의 소리에 동그라미 치면서 단어를 읽어 보세요. 🔊 51-1

외투, 코트

c**oa**t   코울   ㅋ+오우+ㅌ

길

r**oa**d   로울   ㄹ+오우+ㄷ

블라우스

bl**ou**se   블라우쓰   블ㄹ+아우+ㅆ

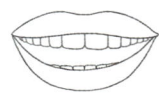
입

m**ou**th   마우쓰   ㅁ+아우+ㅆ

💬 이야기로 발음 익히기

추운 겨울날, 민자는 분홍색 blouse 위에 두꺼운 coat을 입고 mouth에는 방한 마스크를 착용한 다음 한적한 road을 걸어갔습니다.

발음 힌트

■ **mouth** th가 단어 끝에 오면 혀끝을 윗니와 아랫니 사이에 넣었다 빼면서 약하게 [쓰] 소리를 냅니다. south[싸우쓰: 남쪽]도 마찬가지로 ou가 [아우] 소리를 내지만, youth[유-쓰: 젊음]처럼 ou가 다른 소리를 내는 예외적인 경우도 있으므로 주의하세요.

oa=오우 ou=아우

o 뒤에 a가 오면 [오우], o 뒤에 u가 오면 [아우]하고 발음합니다. 이 때 [오우]와 [아우]는 한 음절씩 끊어 읽지 말고 하나의 소리인 것처럼 부드럽게 이어서 발음하세요.

발음 연습하기 [보기]처럼 단어의 발음을 쓰고 읽어 보세요. 51-2

보기	boat	ㅂ + 오우 + ㅌ	[보웉]	배, 보트
	soap	ㅆ + ☐ + ㅍ	❶ [ ]	비누
	goat	ㄱ + ☐ + ㅌ	❷ [ ]	염소
	toad	ㅌ + ☐ + ㄷ	❸ [ ]	두꺼비
	roast	ㄹ + ☐ + ㅅ + ㅌ	❹ [ ]	(불에) 굽다
보기	house	ㅎ + 아우 + ㅆ	[하우쓰]	집
	loud	ㄹ + ☐ + ㄷ	❺ [ ]	시끄러운
	mouse	ㅁ + ☐ + ㅆ	❻ [ ]	쥐
	sound	ㅆ + ☐ + ㄴ + ㄷ	❼ [ ]	소리
	count	ㅋ + ☐ + ㄴ + ㅌ	❽ [ ]	수를 세다

발음 확인

정답 ❶ 쏘웊 ❷ 고웉 ❸ 토웉 ❹ 로우스트 ❺ 라운 ❻ 마우쓰 ❼ 싸운드 ❽ 카운트

해설 ❹ 로우스트 단어 끝의 st는 toast[토우스트: 토스트]처럼 [스트]를 약하게 발음하세요.
 ❻ 마우쓰 mouth와는 달리 끝의 [쓰] 소리는 [ㅅ]의 된소리로 발음해 주세요.
 ❼ 싸운드 ❽ 카운트 -nd와 -nt는 n의 [ㄴ] 소리를 앞 모음 소리의 받침으로 넣고 끝에 각각 [드]와 [트]를 약하게 발음하세요.

ow

- 우리말 소리   아우 오우
- 발음 기호   [au] [ou]

소리 익히기   ow의 소리에 동그라미 치면서 단어를 읽어 보세요. 🎧 52-1

젖소

c**ow**   카우   ㅋ+아우

마을, 도시

t**ow**n   타운   ㅌ+아우+ㄴ

눈

sn**ow**   스노우   스ㄴ+오우

창문

wind**ow**   윈도우   우+이+ㄴ+ㄷ+오우

💬 이야기로 발음 익히기

도진은 cow를 키우는 친구를 만나러 다른 town으로 놀러 갔습니다. 친구 집에서 하루 묵고 아침에 일어나 window를 열자 snow가 수북이 쌓여 있었습니다.

발음 힌트

- **town** -own은 끝의 n이 ㄴ 받침으로 소리 나므로 [아운]으로 발음합니다. grown[그로운: 장성한]처럼 -own이 [오운]으로 소리 나는 경우도 있으니 발음할 때 주의하세요.
- **window** w는 반자음으로 자음과 모음의 역할을 모두 합니다. 맨 앞의 w는 [우] 소리를 내는데, i의 [이] 소리와 n의 [ㄴ] 소리를 만나 [윈]이라는 소리가 되었습니다.

ow = 아우/오우

ow는 두 가지 소리를 가지고 있습니다. 단어에 따라서 [아우]라고 발음할 때가 있고, [오우]라고 발음할 때가 있지요.

발음 연습하기 [보기]처럼 단어의 발음을 쓰고 읽어 보세요. 🎧 52-2

보기	brown	브ㄹ + 아우 + ㄴ	[브라운]	갈색
	bow	ㅂ + ☐	❶ [ ]	절하다
	now	ㄴ + ☐	❷ [ ]	지금
	down	ㄷ + ☐ + ㄴ	❸ [ ]	아래로
	crown	크ㄹ + ☐ + ㄴ	❹ [ ]	왕관
보기	grow	그ㄹ + 오우	[그로우]	성장하다
	low	ㄹ + ☐	❺ [ ]	(높이가) 낮은
	tow	ㅌ + ☐	❻ [ ]	견인하다
	show	쉬 + ☐	❼ [ ]	보여주다
	slow	슬ㄹ + ☐	❽ [ ]	느린

발음 확인

정답 ❶ 바우 ❷ 나우 ❸ 다운 ❹ 크라운 ❺ 로우 ❻ 토우 ❼ 쉬오우/쇼우 ❽ 슬로우

해설 ❹ 크라운 cr은 [크ㄹ]하고 혀끝을 안쪽으로 말아 올리면서 발음합니다
❼ 쉬오우/쇼우 sh는 입술을 동그랗게 모아 [쉬]로 발음하는데, show를 [쇼]라고 발음하지 않게 주의하세요.

oi/oy

- 우리말 소리 오이
- 발음 기호 [ɔi]

소리 익히기 oi와 oy의 소리에 동그라미 치면서 단어를 읽어 보세요. 🎧 53-1

기름

oi 오일 오이+ㄹ

동전

c**oi**n 코인 ㅋ+오이+ㄴ

장난감

t**oy** 토이 ㅌ+오이

즐기다

en**joy** 인조이 이+ㄴ+ㅈ+오이

💬 이야기로 발음 익히기

민자는 몇 년 동안 저금통에 모아뒀던 coin을 꺼냈습니다. 돈이 많이 모여서 조카가 enjoy하면서 갖고 놀 수 있는 toy도 사고, 올리브 oil도 한 병 샀습니다.

발음 힌트

■ **enjoy** 두 개의 모음 소리를 가진 2음절 단어입니다. [이]로 소리 나는 e와 ㄴ 받침으로 소리 나는 n이 만나 [인]이 되었고, [ㅈ]로 소리 나는 j와 [오이]로 소리 나는 oy가 만나 [조이]가 되었습니다. 자연스럽게 이어 붙여서 발음하면 [인조이]가 됩니다. 이때, 뒤쪽에 강세가 있으므로 [조] 부분을 강하게 읽으세요.

oi=오이 oy=오이

o가 i나 y를 만나면 [오이]하고 발음합니다. 이때 [오] 발음은 [오]와 [어]의 중간 소리로, 입술만 [오]처럼 동그랗게 모은 뒤, [어]처럼 입 뒤쪽에서 소리를 내주면 됩니다.

발음 연습하기 [보기]처럼 단어의 발음을 쓰고 읽어 보세요. 🎧 53-2

보기	soil	ㅆ + 오이 + ㄹ	[쏘일]	흙, 땅
	boil	ㅂ + ☐ + ㄹ	❶ [ ]	(액체를) 끓이다
	join	ㅈ + ☐ + ㄴ	❷ [ ]	어울리다
	point	ㅍ + ☐ + ㄴ + ㅌ	❸ [ ]	점, 지적하다
	noise	ㄴ + ☐ + ㅈ	❹ [ ]	시끄러운

보기	boy	ㅂ + 오이	[보이]	소년
	joy	ㅈ + ☐	❺ [ ]	기쁨
	annoy	어 + ㄴ + ☐	❻ [ ]	괴롭히다
	oyster	☐ + ㅅ + ㅌ + 얼	❼ [ ]	굴
	employ	이 + ㅁ + 플ㄹ + ☐	❽ [ ]	고용하다

발음 확인

정답 ❶ 보일 ❷ 조인 ❸ 포인트 ❹ 노이즈 ❺ 조이 ❻ 어노이 ❼ 오이스털 ❽ 임플로이

해설 ❻ 어노이 a는 단어 맨 앞에서 [어] 소리를 낼 때도 있습니다. another[어너덜: 또 다른], agree[어그리-: 동의하다], affair[어페얼: 문제, 일]도 여기에 해당합니다.

❽ 임플로이 m은 앞 모음 소리의 ㅁ 받침으로 소리 나고, pl은 혀끝을 앞니 뿌리에 붙이면서 [플ㄹ]하고 발음합니다.

oo

- 우리말 소리   우 우-
- 발음 기호   [u] [u:]

소리 익히기   oo의 소리에 동그라미 치면서 단어를 읽어 보세요. 54-1

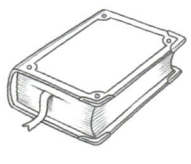
책

boo**k**   북   ㅂ+우+ㅋ

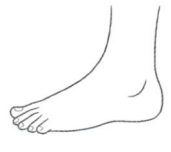
발

foo**t**   풋   ㅍ+우+ㅌ

수영장

poo**l**   풀-   ㅍ+우-+ㄹ

지붕

roo**f**   루-프   ㄹ+우-+ㅍ

💬 이야기로 발음 익히기

도진은 여름휴가 때 가족과 함께 **pool**이 있는 빨간 **roof**의 펜션에 놀러 갔습니다. 휴가 기간 동안 **book**도 읽고 **foot** 마사지도 받으며 여유로운 시간을 보냈습니다.

발음 힌트

- **book/foot** 단어 끝에 있는 k와 t는 짧고 가볍게 각각 [ㅋ], [ㅌ] 소리를 냅니다. [부크], [푸트]라고 읽지 않게 주의하세요.
- **roof** 끝소리 f는 두 입술을 붙이지 말고 윗니를 아랫입술에 붙였다 떼면서 성대를 울리지 않고 [프]하고 발음합니다.

oo = 우/우-

oo는 두 가지 소리를 갖고 있습니다. 짧게 [우]하고 소리 날 때가 있고, 길게 [우-]하고 소리 날 때가 있습니다.

발음 연습하기 [보기]처럼 단어의 발음을 쓰고 읽어 보세요. 🎧 54-2

보기	look	ㄹ + 우 + ㅋ	[룩]	보다
	good	ㄱ + ☐ + ㄷ	❶ [ ]	좋은, 착한
	cook	ㅋ + ☐ + ㅋ	❷ [ ]	요리하다
	wool	우 + ☐ + ㄹ	❸ [ ]	양모, 모직물
	hook	ㅎ + ☐ + ㅋ	❹ [ ]	갈고리

보기	room	ㄹ + 우- + ㅁ	[룸-]	방
	too	ㅌ + ☐	❺ [ ]	너무, 또한
	root	ㄹ + ☐ + ㅌ	❻ [ ]	뿌리
	mood	ㅁ + ☐ + ㄷ	❼ [ ]	기분, 분위기
	soon	ㅆ + ☐ + ㄴ	❽ [ ]	곧, 빨리

발음 확인

정답 ❶ 굳 ❷ 쿡 ❸ 울 ❹ 훅 ❺ 투- ❻ 루-트 ❼ 무-드 ❽ 쑨-

해설 ❷ 쿡 여기서 c와 k는 둘 다 [ㅋ] 소리를 냅니다. 목구멍 입구 쪽을 혀뿌리로 막았다가 공기를 터뜨리며 [ㅋ]하고 발음하세요.

❸ 울 w의 [우] 발음과 oo의 짧은 [우] 소리가 만나 [위]가 되는데, [우우]가 아니니까 주의하세요. wood[욷: 숲]도 마찬가지입니다.

au/aw

- 우리말 소리: 오-
- 발음 기호: [ɔː]

소리 익히기 au와 aw의 소리에 동그라미 치면서 단어를 읽어 보세요. 🎧 55-1

소스, 양념
sau**ce** 쏘-쓰 ㅆ+오-+ㅆ

저자, 작가
author 오-썰 오-+ㅆ+얼

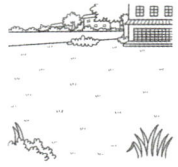
잔디밭
l**aw**n 론- ㄹ+오-+ㄴ

그리다
dr**aw** 드로- 드ㄹ+오-

💬 이야기로 발음 익히기

민자와 도진은 공원의 lawn에 앉아 sauce를 뿌린 핫도그를 먹었습니다. 그런 다음 민자는 색연필로 그림을 draw했고, 도진은 유명한 author가 쓴 책을 읽었습니다.

발음 힌트

- **author** 단어 끝에 오는 or은 사람을 나타내는 접미사로, doctor[닥털: 의사], actor[액털: 남자배우]처럼 [얼] 소리를 냅니다.
- **lawn** -awn은 n이 ㄴ 받침으로 소리 나서 [온-]이라고 발음합니다. yawn[욘-: 하품하다], prawn[프론-: 새우]도 이렇게 발음하지요.

au=오- aw=오-

a가 u나 w를 만나면 길게 [오-] 하고 발음하는데, 이때 [오]와 [어]의 중간 소리로 길게 발음합니다.

발음 연습하기 [보기]처럼 단어의 발음을 쓰고 읽어 보세요. 🎧 55-2

보기	cause	ㅋ + 오- + ㅈ	[코-즈]	이유
	pause	ㅍ + □ + ㅈ	❶ [ ]	정지, 멈춤
	fault	ㅍ + □ + ㄹ + ㅌ	❷ [ ]	잘못, 결점
	taught	ㅌ + □ + ㅌ	❸ [ ]	가르쳤다
	August	□ + ㄱ + 어 + ㅅ + ㅌ	❹ [ ]	8월

보기	raw	ㄹ + 오-	[로-]	날것의
	law	ㄹ + □	❺ [ ]	법
	paw	ㅍ + □	❻ [ ]	(네 발 짐승의) 발
	saw	ㅆ + □	❼ [ ]	톱, 봤다
	dawn	ㄷ + □ + ㄴ	❽ [ ]	새벽

발음 확인

정답 ❶ 포-즈 ❷ 폴-트 ❸ 토-트 ❹ 오-거스트 ❺ 로- ❻ 포- ❼ 쏘- ❽ 돈-

해설 ❸ 토-트 taught은 teach[티취: 가르치다]의 과거형·과거분사형으로, gh는 묵음입니다.
  ❹ 오-거스트 8월은 달 이름이므로 A를 대문자로 씁니다.
  ❺ 로- law는 raw와 달리, 윗니 뒷부분에 혀끝을 닿게 해서 발음합니다.

ue / ew

- 우리말 소리 우- / 유-
- 발음 기호 [u:] / [ju:]

소리 익히기 ue와 ew의 소리에 동그라미 치면서 단어를 읽어 보세요. 🎧 56-1

접착제, 풀

glue   글루-   글ㄹ+우-

조각상

statue   스태추-   스ㅌ+애+ㅊ+우-

(커피, 차를) 끓이다

brew   브루-   브ㄹ+우-

이슬

dew   듀-   ㄷ+유-

💬 이야기로 발음 익히기

dew가 내린 이른 아침, 도진은 따뜻하게 brew한 커피 한 잔을 마시며 glue로 깨진 컵 손잡이를 붙인 후, 약속 장소인 세종대왕 statue를 향해 출발했습니다.

발음 힌트

■ **statue** 여기서 t는 [ㅌ]로 소리 나지 않고 예외적으로 ch처럼 [ㅊ]로 소리 납니다. virtue[벌-추: 장점, 선행]도 똑같이 t가 [ㅊ] 소리가 나지요.

ue=우-/유- ew=우-/유-

ue와 ew는 단어에 따라 길게 [우-]하고 발음할 때도 있고, u 소리 그대로 [유-]하고 발음할 때도 있습니다.

발음 연습하기   [보기]처럼 단어의 발음을 쓰고 읽어 보세요. 56-2

보기	clue	크ㄹ + 우-	[클루-]	단서, 실마리
	true	트ㄹ + ☐	❶ [ ]	사실인, 진정한
	blue	블ㄹ + ☐	❷ [ ]	파란색, 파란
	crew	크ㄹ + ☐	❸ [ ]	승무원
	chew	ㅊ + ☐	❹ [ ]	씹다
보기	argue	알- + ㄱ + 유-	[알-규]	논쟁하다
	value	ㅂ + 애 + ㄹ + ㄹ + ☐	❺ [ ]	가치, 평가
	rescue	ㄹ + 에 + ㅅ + ㅋ + ☐	❻ [ ]	구조하다
	few	ㅍ + ☐	❼ [ ]	몇몇의
	nephew	ㄴ + 에 + ㅍ + ☐	❽ [ ]	남자 조카

발음 확인

정답 ❶ 트루-   ❷ 블루-   ❸ 크루-   ❹ 추-   ❺ 밸류-   ❻ 레스큐-   ❼ 퓨-   ❽ 네퓨-

해설 ❺ 밸류- value는 앞 모음에 강세가 있습니다. [밸]을 좀 더 강하게 읽어 주세요.
 ❽ 네퓨- ph는 f처럼 윗니를 아랫입술에 붙여서 [ㅍ]로 소리 냅니다.

발음공식 57

ey

- 우리말 소리　이 에이
- 발음 기호　[i] [ei]

소리 익히기　ey의 소리에 동그라미 치면서 단어를 읽어 보세요.　🎧 57-1

열쇠
key　키　ㅋ+이

계곡
valley　밸리　ㅂ+애+ㄹ+ㄹ+이

그들은
they　데이　ㄷ+에이

먹이
prey　프레이　프+에이

💬 이야기로 발음 익히기

민자는 **key**로 집 문을 단단히 걸어 잠그고 친구들과 **valley**에 1박 2일로 놀러 갔습니다. 그곳에서 **they**는 물가에서 **prey**를 잡는 황새의 모습도 보았습니다.

발음 힌트

- **valley** 단어 가운데 들어간 ll은 앞 모음 소리의 받침소리 [밸]과 뒤 모음 소리의 첫 소리 [리]로 모두 발음되므로, [배리]가 아니라 [밸리]라고 해야 합니다. jelly[젤리: 젤리], yellow[옐로우: 노란색]도 마찬가지입니다.
- **they** th는 여기서 [ð]로 소리 납니다. 즉, 윗니와 아랫니 사이에 혀끝을 넣었다가 살짝 빼면서 [드]하고 발음하세요.

ey = 이/에이

ey는 두 가지 소리를 가지고 있습니다. 보통은 [이] 소리로 발음하는데, 단어에 따라 [에이] 소리로 발음할 때도 있습니다.

발음 연습하기   [보기]처럼 단어의 발음을 쓰고 읽어 보세요. 🎧 57-2

보기	money	ㅁ+어+ㄴ+이	[머니]	돈
	honey	ㅎ+어+ㄴ+	❶ [ ]	꿀
	alley	애+ㄹ+ㄹ+	❷ [ ]	골목길
	monkey	ㅁ+어+ㅇ+ㅋ+	❸ [ ]	원숭이
	chimney	ㅊ+이+ㅁ+ㄴ+	❹ [ ]	굴뚝
보기	hey	ㅎ+에이	[헤이]	이봐, 야
	obey	오우+ㅂ+	❺ [ ]	복종하다
	grey	그ㄹ+	❻ [ ]	회색
	convey	ㅋ+어+ㄴ+ㅂ+	❼ [ ]	전달하다
	survey	ㅆ+얼ー+ㅂ+	❽ [ ]	설문조사

발음 확인

정답 ❶ 허니 ❷ 앨리 ❸ 멍키 ❹ 침니 ❺ 오우베이 ❻ 그레이 ❼ 컨베이 ❽ 썰-베이

해설 ❸ 멍키   nk에서 n은 ㄴ 받침소리 대신 ㅇ 받침소리를 냅니다.
　　　❻ 그레이 '회색'을 영국에서는 grey, 미국에서는 gray라고 씁니다. 발음은 [그레이]로 같습니다.

ar/or

- 우리말 소리 알- / 올-
- 발음 기호 [aːr] / [ɔːr]

소리 익히기 ar과 or의 소리에 동그라미 치면서 단어를 읽어 보세요. 🎧 58-1

자동차

car 칼- ㅋ+알-

열심히

h**ar**d 할-드 ㅎ+알-+ㄷ

포크

f**or**k 폴-크 ㅍ+올-+ㅋ

옥수수

c**or**n 콜-은 ㅋ+올-+ㄴ

💬 이야기로 발음 익히기

하루 종일 hard하게 일한 민자는 기분전환을 위해 car을 타고 유명한 고깃집에 갔습니다. 고기를 썰어 fork로 찍어 먹고, corn 샐러드도 맛있게 먹었습니다.

발음 힌트

■ **corn** -orn은 발음이 조금 어려운데요, or과 n이 마치 하나의 소리인 것처럼 or의 [올-] 발음을 하다가 뒤에 n의 [ㄴ] 소리를 넣어 [콜-은]하고 자연스럽게 연결해서 발음하면 됩니다. born[볼-은: 태어나다], horn[홀-은: 경적]도 같은 방식으로 발음합니다.

ar=알- or=올-

모음 뒤에 r이 오면 앞 모음 소리 끝에서 혀끝을 안쪽으로 말아 올리며 [ㄹ] 발음을 합니다. ar은 길게 [알-], or은 길게 [올-]이라고 발음하지요.

발음 연습하기　[보기]처럼 단어의 발음을 쓰고 읽어 보세요. 🎧 58-2

보기	card	ㅋ + 알- + ㄷ	[칼-드]	카드
	arm	☐ + ㅁ	❶ [　　]	팔
	far	ㅍ + ☐	❷ [　　]	먼, 멀리
	dark	ㄷ + ☐ + ㅋ	❸ [　　]	어두운
	march	ㅁ + ☐ + 취	❹ [　　]	행진하다

보기	port	ㅍ + 올- + ㅌ	[폴-트]	항구
	lord	ㄹ + ☐ + ㄷ	❺ [　　]	주인, 지배자
	sport	스ㅍ + ☐ + ㅌ	❻ [　　]	스포츠, 운동
	short	쉬 + ☐ + ㅌ	❼ [　　]	짧은
	pork	ㅍ + ☐ + ㅋ	❽ [　　]	돼지고기

발음 확인

정답　❶ 알-음　❷ 팔-　❸ 달-크　❹ 말-취　❺ 롤-드　❻ 스폴-트　❼ 쉬올-트/숄-트　❽ 폴-크

해설　❶ 알-음　arm은 corn과 비슷한 원리로 발음합니다. ar의 [알-] 소리를 길게 내다가 m의 [ㅁ] 소리를 넣어 [알-음]이라고 자연스럽게 이어 발음하세요.

　　　❺ 롤-드　l은 혀끝을 윗니 뒤쪽에 붙이며 [로-]하고 발음하다 혀끝을 안쪽으로 말아 올리는 r 발음을 하면서 [올]하고 발음합니다.

발음공식 59

ir/ur

- 우리말 소리 **얼-**
- 발음 기호 **[əːr]**

소리 익히기 ir과 ur의 소리에 동그라미 치면서 단어를 읽어 보세요. 🎧 59-1

더러운

dirty 덜-티 ㄷ+얼-+ㅌ+이

치마

skirt 스컬-트 스ㅋ+얼-+ㅌ

털, 모피

fur 펄- ㅍ+얼-

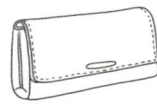
지갑

purse 펄-쓰 ㅍ+얼-+ㅆ

💬 이야기로 발음 익히기

밍크 fur로 만든 외투와 skirt가 dirty해져서 민자는 세탁소에 갔습니다. 그런데 purse를 깜빡 잊고 안 가져가서 다시 집으로 돌아올 수밖에 없었습니다.

발음 힌트

- **purse** -urse는 curse[컬-쓰: 저주], nurse[널-쓰: 간호사]에서 보듯 [얼-쓰]로 발음합니다. 끝의 e는 발음하지 않아요.
- **dirty** 단어 끝의 y는 [이]로 소리 나는데요, 미국 사람들은 이렇게 -rty로 끝나는 단어에서 t 발음을 아예 빼고 발음하기도 합니다. 그래서 dirty를 [더-리]라고도 읽지요. party도 [팔-티]가 아니라 [파-리]라고 할 때가 많습니다.

ir = 얼-   ur = 얼-

ir과 ur은 둘 다 길게 [얼-]로 발음합니다. [어] 소리를 길게 빼고 받침의 ㄹ 발음은 우리말의 ㄹ이 아니라 혀끝을 입천장에 닿지 않게 구부리면서 발음하세요.

발음 연습하기   [보기]처럼 단어의 발음을 쓰고 읽어 보세요. 🎧 59-2

보기	shirt	쉬 + 얼- + ㅌ	[쉬얼-트]	셔츠
	first	ㅍ + ☐ + ㅅ + ㅌ	❶ [ ]	첫, 처음의
	bird	ㅂ + ☐ + ㄷ	❷ [ ]	새
	girl	ㄱ + ☐ + ㄹ	❸ [ ]	소녀
	birth	ㅂ + ☐ + ㅆ	❹ [ ]	탄생, 출생
보기	nurse	ㄴ + 얼- + ㅆ	[널-쓰]	간호사
	hurt	ㅎ + ☐ + ㅌ	❺ [ ]	다치다
	burn	ㅂ + ☐ + ㄴ	❻ [ ]	태우다, 화상
	purple	ㅍ + ☐ + ㅍ + ㄹ	❼ [ ]	보라색
	turkey	ㅌ + ☐ + ㅋ + 이	❽ [ ]	칠면조

발음 확인

정답 ❶ 펄-스트 ❷ 벌-드 ❸ 걸-을 ❹ 벌-쓰 ❺ 헐-트 ❻ 벌-은 ❼ 펄-플 ❽ 털-키

해설 ❸ 걸-을   -rl은 혀끝을 입천장에 닿지 않게 안쪽으로 말면서 r의 [ㄹ] 발음을 한 후, 바로 이어서 혀 끝을 윗니 뒤쪽에 붙이며 l의 [ㄹ] 발음을 하면 됩니다.

❻ 벌-은   -urn은 ur의 [얼-] 발음을 한 후, n의 [ㄴ] 발음을 이어 붙여 [얼-은]으로 발음합니다. turn[털-은: 돌다, 돌리다]도 마찬가지입니다.

er

- 우리말 소리   **얼**
- 발음 기호   **[ər]**

소리 익히기   er의 소리에 동그라미 치면서 단어를 읽어 보세요. 🎧 60-1

언니, 누나, 여동생

sister   씨스털   ㅆ+이+ㅅ+ㅌ+얼

저녁식사

dinner   디널   ㄷ+이+ㄴ+얼

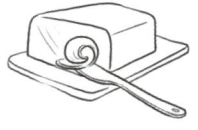
버터

butter   버털   ㅂ+어+ㅌ+얼

덮다

cover   커벌   ㅋ+어+ㅂ+얼

💬 이야기로 발음 익히기

토요일 dinner에 sister을 초대한 민자는 먼저 꽃무늬 식탁보로 식탁을 cover한 뒤, 커다란 접시에 butter을 발라 구운 닭고기를 담아 내놓았습니다.

발음 힌트

■ **butter** -tter은 t를 한 번만 발음해서 [털]이라고 읽으면 되는데, 미국사람들은 t가 강모음과 약모음 사이에 오면 [ㅌ] 소리 대신 r의 [ㄹ] 소리로 발음해서 butter를 [버럴]하고 발음하기도 합니다. letter[레털: 편지], matter[매털: 문제, 사안]도 마찬가지로 [레럴], [매럴]이라고도 발음하지요.

er은 짧게 [얼]하고 발음하는데, ir과 ur과는 다르게 짧게 [어] 소리를 냅니다. 단어 끝에서 특히 많이 나오는 소리이므로 잘 알아 두세요.

발음 연습하기   [보기]처럼 단어의 발음을 쓰고 읽어 보세요. 60-2

보기	her	ㅎ + 얼	[헐]	그녀의
	fever	ㅍ+이-+ㅂ+	❶ [ ]	열
	after	애+ㅍ+ㅌ+	❷ [ ]	~후에
	over	오우+ㅂ+	❸ [ ]	~너머로
	paper	ㅍ+에이+ㅍ+	❹ [ ]	종이
	never	ㄴ+에+ㅂ+	❺ [ ]	결코 ~않다
	tiger	ㅌ+아이+ㄱ+	❻ [ ]	호랑이
	singer	ㅆ+이+ㅇ+	❼ [ ]	가수
	center	ㅆ+에+ㄴ+ㅌ+	❽ [ ]	중심
	brother	브ㄹ+어+ㄷ+	❾ [ ]	형, 오빠, 남동생
	ruler	ㄹ+우-+ㄹ+	❿ [ ]	자

발음 확인

정답 ❶ 피-벌 ❷ 애프털 ❸ 오우벌 ❹ 페이펄 ❺ 네벌 ❻ 타이걸 ❼ 씽얼 ❽ 쎈털 ❾ 브러덜 ❿ 룰-럴

해설 ❶ 피-벌 f와 v 둘 다 윗니를 아랫입술에 댔다 떼며 발음하세요.
❼ 씽얼 ng는 ㅇ 받침소리로 발음합니다.

air / are

발음공식 61

- 우리말 소리: 에얼
- 발음 기호: [εər]

소리 익히기 air과 are의 소리에 동그라미 치면서 단어를 읽어 보세요. 🎧 61-1

의자
chair 체얼 ㅊ+에얼

수리하다
rep**air** 리페얼 ㄹ+이+ㅍ+에얼

확 타오르다
fl**are** 플레얼 플ㄹ+에얼

응시하다
st**are** 스테얼 ㅅㅌ+에얼

💬 이야기로 발음 익히기

도진은 다리가 망가진 chair을 repair한 후 앞마당 아궁이에 나무 조각을 모아 성냥으로 불을 붙이고는, 불이 flare하는 모습을 stare했습니다.

발음 힌트

■ **chair** ch는 우리말 ㅊ 소리와 비슷하지만, '유' 소리를 내듯 입술을 앞으로 내밀었다가 [취]하고 발음하면 더 정확합니다. [췌얼]에 가깝게 발음하세요.

air = 에얼   are = 에얼

air과 are는 둘 다 [에얼]하고 발음하는데, 이때 혀끝을 입천장에 닿지 않게 안쪽으로 말며 소리 냅니다.

발음 연습하기   [보기]처럼 단어의 발음을 쓰고 읽어 보세요. 🎧 61-2

보기	fair	ㅍ + 에얼	[페얼]	공정한
	pair	ㅍ + ☐	❶ [ ]	한 쌍
	hair	ㅎ + ☐	❷ [ ]	머리카락
	stair	스ㅌ + ☐	❸ [ ]	계단
	affair	어 + ㅍ + ☐	❹ [ ]	문제, 일
보기	care	ㅋ + 에얼	[케얼]	보살핌
	rare	ㄹ + ☐	❺ [ ]	희귀한
	scare	스ㅋ + ☐	❻ [ ]	겁주다
	share	쉬 + ☐	❼ [ ]	나누다
	bare	ㅂ + ☐	❽ [ ]	벌거벗은

발음 확인

정답 ❶ 페얼 ❷ 헤얼 ❸ 스테얼 ❹ 어페얼 ❺ 레얼 ❻ 스케얼 ❼ 쉬에얼/쉐얼 ❽ 베얼

해설 ❶ 페얼 윗니로 아랫입술을 살짝 물고 바람을 내보내는 fair와 달리 pair는 두 입술을 붙였다 바람을 터트리듯 내뱉으면서 [페얼]하고 발음합니다.

❸ 스테얼 stair과 stare은 발음이 [스테얼]로 같습니다.

ear/eer

- 우리말 소리: 이얼
- 발음 기호: [iər]

소리 익히기 ear과 eer의 소리에 동그라미 치면서 단어를 읽어 보세요. 🎧 62-1

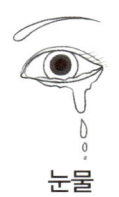
눈물

t**ear** 티얼 ㅌ+이얼

듣다

h**ear** 히얼 ㅎ+이얼

맥주

b**eer** 비얼 ㅂ+이얼

환호하다

ch**eer** 치얼 ㅊ+이얼

💬 이야기로 발음 익히기

도진은 한일전 축구경기가 열린다는 소식을 hear하고, 친구들과 함께 beer을 마시며 경기를 봤습니다. 한국팀이 결승골을 넣자 사람들은 tear을 흘리며 cheer했습니다.

발음 힌트

- **hear** '여기에'라는 뜻을 가진 here의 발음도 [히얼]로 같으니 함께 알아 두세요.
- -ear은 일반적으로는 [이얼]로 소리 나지만 bear[베얼: 곰], pear[페얼: 배], wear[웨얼: 입다] 처럼 예외적으로 [에얼]로 소리 날 때도 있습니다.

ear=이얼 eer=이얼

142쪽에서 ea와 ee는 길게 [이-] 소리가 난다고 배웠는데요, 뒤에 r이 붙은 ear과 eer은 이렇게 발음하지 않고 [이얼]하고 혀를 목구멍 안쪽으로 말며 발음합니다.

발음 연습하기   [보기]처럼 단어의 발음을 쓰고 읽어 보세요. 🎧 62-2

보기	dear	ㄷ + 이얼	[디얼]	친애하는
	near	ㄴ + ☐	❶ [ ]	가까운
	fear	ㅍ + ☐	❷ [ ]	두려움, 공포
	year	이 + ☐	❸ [ ]	해, 연도
	clear	클ㄹ + ☐	❹ [ ]	분명한
보기	peer	ㅍ + 이얼	[피얼]	동년배, 또래
	deer	ㄷ + ☐	❺ [ ]	사슴
	sheer	쉬 + ☐	❻ [ ]	순전한, 순수한
	career	ㅋ + 어 + ㄹ + ☐	❼ [ ]	경력, 직업
	steer	스ㅌ + ☐	❽ [ ]	조종하다

발음 확인

정답 ❶ 니얼 ❷ 피얼 ❸ 이얼 ❹ 클리얼 ❺ 디얼 ❻ 쉬이얼/쉬얼 ❼ 커리얼 ❽ 스티얼

해설 ❸ 이얼   단어 앞의 y는 [이] 소리가 나는데, 뒤에 오는 모음 소리와 함께 [이얼]하고 발음합니다.

❻ 쉬이얼/쉬얼   sh는 입을 동그랗게 모은 후, 혀를 바닥에 붙이고 많은 공기를 내보내며 [쉬]하고 발음합니다.

확인하기 | 6 이중모음 🎧 62-3

MP3로 들으세요

A 알맞은 발음을 [보기]에서 찾아 쓰세요.

[보기]   프레이   디널   듀-   헐-트
          윈도우   씨-   코웉   히얼

① sea　　　　　　　② dew
③ coat　　　　　　　④ prey
⑤ window　　　　　⑥ hear
⑦ dinner　　　　　　⑧ hurt

B 다음 발음과 맞는 단어를 고르세요.

① 폴-크　　☐ pork　　☐ park　　☐ peer
② 드로-　　☐ dream　☐ drown　☐ draw
③ 비얼　　　☐ bare　　☐ beer　　☐ board
④ 칼-　　　☐ car　　　☐ fur　　　☐ sir

정답

A　① 씨-　　② 듀-　　③ 코웉　　④ 프레이
　　⑤ 윈도우　⑥ 히얼　⑦ 디널　　⑧ 헐-트

B　① pork　② draw　③ beer　④ car

C 발음을 보고 빈칸에 알맞은 철자를 써 넣으세요.

① 헤얼   h☐ir   ② 카우   co☐

③ 글루-   gl☐e   ④ 페이   pa☐

⑤ 쏘-쓰   sa☐ce   ⑥ 플레얼 fl☐re

⑦ 북   bo☐k   ⑧ 파이   pi☐

D 다음 단어의 발음과 뜻을 써 보세요.

① road ☐☐   ② tree ☐☐

③ thief ☐☐   ④ coin ☐☐

⑤ snow ☐☐   ⑥ bird ☐☐

⑦ nail ☐☐   ⑧ roof ☐☐

C ① a ② w ③ u ④ y ⑤ u ⑥ a ⑦ o ⑧ e

D ① [로운] 길   ② [트리-] 나무   ③ [씨-프] 도둑   ④ [코인] 동전
       ⑤ [스노우] 눈 ⑥ [벌-드] 새   ⑦ [네일] 손톱   ⑧ [루-프] 지붕

쉬어가기: 퍼즐로 익히는 발음

발음에 맞는 철자를 넣어 다음 퍼즐을 완성시켜 보세요.

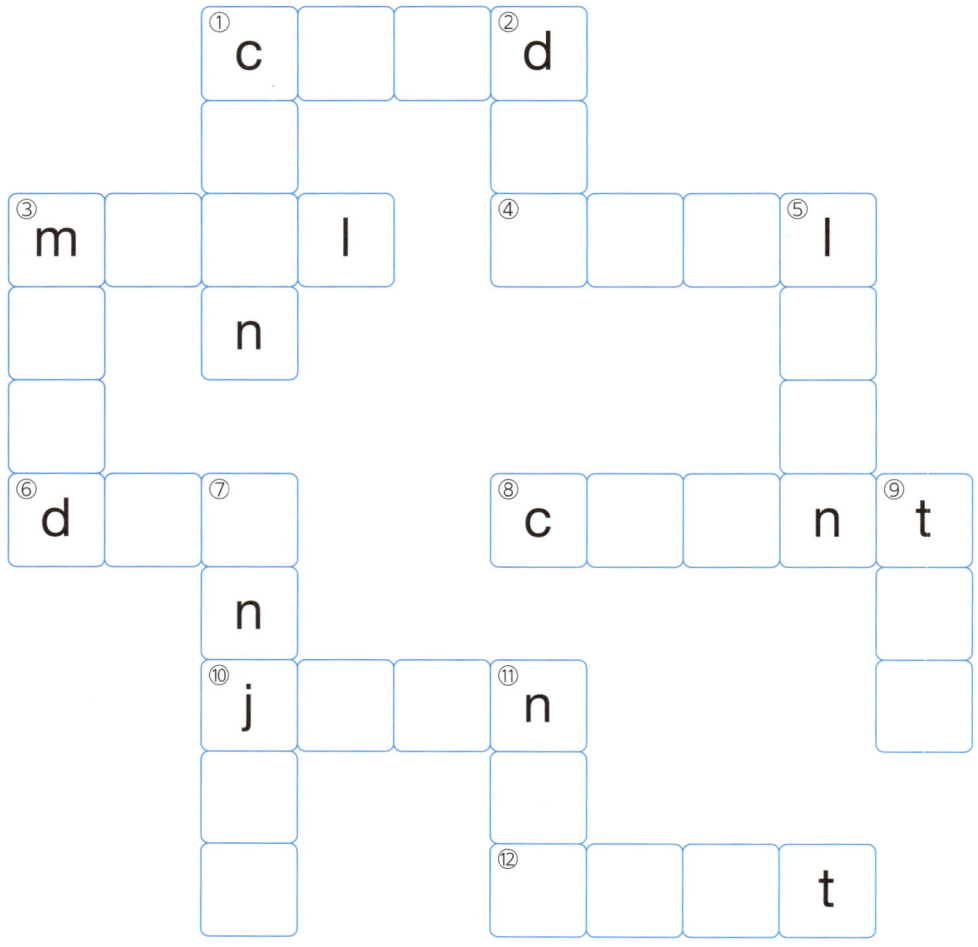

가로 열쇠
① [칼-드] 카드　③ [메일] 우편　④ [울] 양모　⑥ [다이] 죽다　⑧ [카운트] 수를 세다
⑩ [조인] 어울리다　⑫ [웨잍] 기다리다

세로 열쇠
① [코인] 동전　② [듀-] 이슬　③ [무-드] 기분　⑤ [론-] 잔디밭　⑦ [인조이] 즐기다
⑨ [타이] 넥타이　⑪ [나우] 지금

퍼즐로
익히는 발음

정답

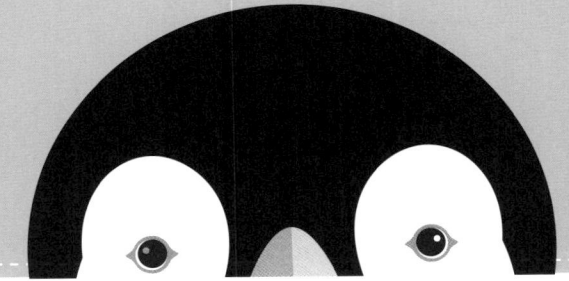

정답 : 퍼즐로 익히는 발음

1 자음 ▶ 72쪽

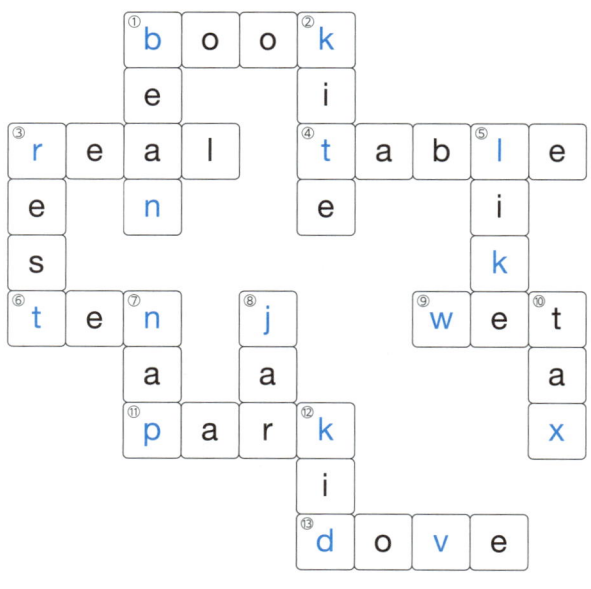

2 이중자음 ▶ 98쪽

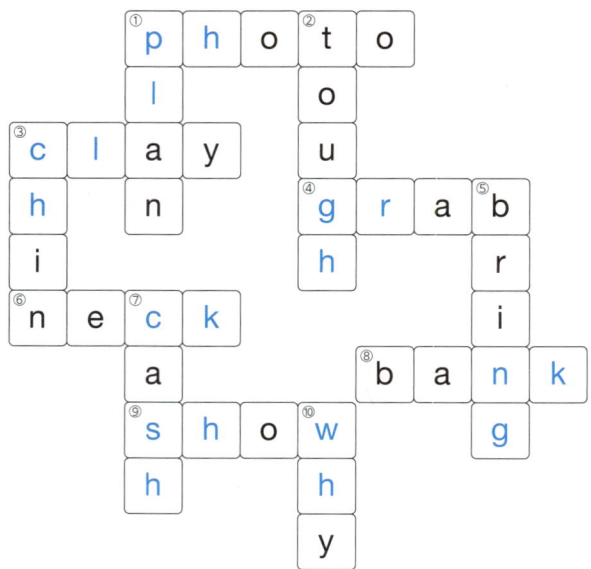

3 묵음 ▶ 110쪽

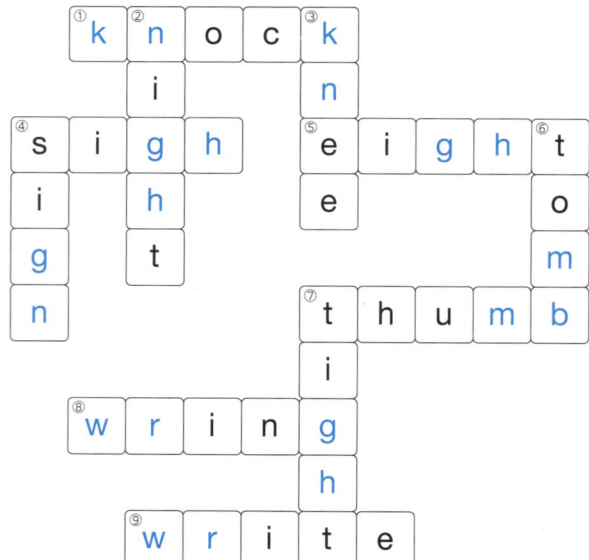

4 단모음 ▶ 124쪽

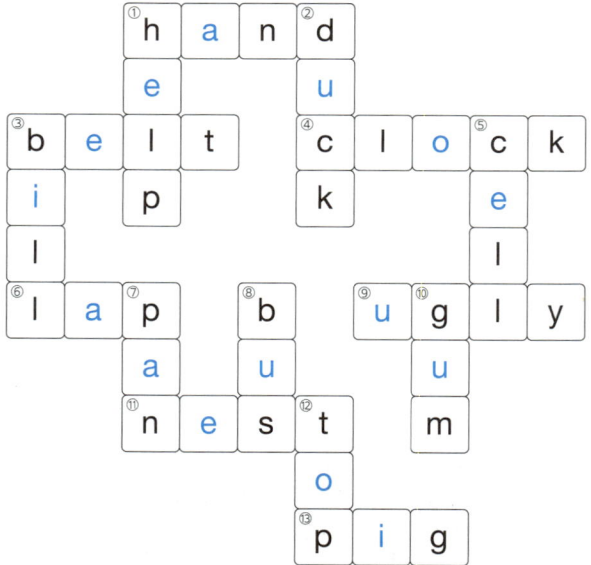

5 장모음 ▶ 138쪽

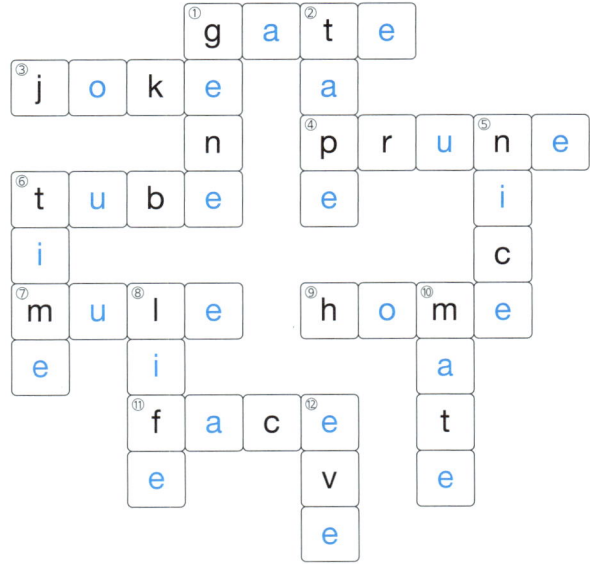

6 이중모음 ▶ 172쪽

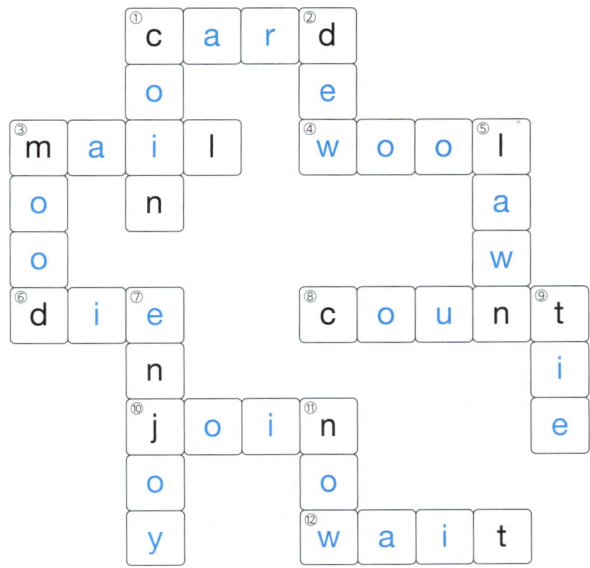

셋째 마당

더 알아두기

알아두면 좋은
예외적인 발음공식

MP3 바로 듣기

영어단어 중에는 앞에 나온 62개의 발음공식으로는
설명할 수 없는 예외적인 발음도 많습니다.
여기서 다루는 발음공식은 아주 많이 쓰지는 않지만
알아두면 영어단어를 발음할 때 편리한 발음규칙입니다.
앞에 나온 62개의 필수 발음공식을
잘 숙지한 후에 읽어 보세요.

예외 공식 A: 묵음 🎧 63-1

예외공식 01 b = 묵음

bt로 끝나는 단어에서는 b가 소리 나지 않고 t만 [트]로 소리 납니다.

deb**t** [뎉]
빚

doub**t** [다웉]
의심

예외공식 02 c = 묵음

sc는 [스크] 소리 대신 c가 소리 나지 않고 s만 [쓰]로 발음할 때가 있습니다.

sc**ene** [씬]
장면

sc**issors** [씨절즈]
가위

musc**le** [머쓸]
근육

예외공식 03 d = 묵음

드물지만 어떤 단어에서는 d가 소리가 나지 않습니다.

hand**some** [핸썸]
잘 생긴

Wed**nesday** [웬즈데이]
수요일

예외공식 04 h = 묵음

보통 h는 [흐] 소리를 내지만 단어 앞이나 r 뒤에서 발음이 안 되는 경우가 있습니다.

h**our** [아우얼]
시간

h**onor** [아널]
영광

rh**yme** [라임]
운, 음운

예외공식 05   l = 묵음

l은 ld, lk, lf, lm의 형태일 때, ㄹ 받침처럼 소리 나지 않고 [ㄷ], [ㅋ], [ㅍ], [ㅁ]만 소리 날 때가 있습니다.

would [욷]
~할 것이다

walk [워-크]
걷다

half [해프]
절반

calm [캄-]
고요한

예외공식 06   p = 묵음

pt, ps, pn에서 p가 아예 발음이 안 되는 경우가 있습니다.

receipt [리씨-트]
영수증

psycho [싸이코우]
정신병자

pneumonia [뉴모우녀]
폐렴

예외공식 07   s = 묵음

아주 드문 경우지만, s가 발음이 안 되는 단어가 있습니다

aisle [아일]
통로

island [아일런드]
섬

isle [아일]
섬

예외공식 08   t = 묵음

t가 [트] 소리를 내지 않는 경우가 있습니다. 특히 -stle와 -tch로 끝나는 경우, t는 소리내지 않고 각각 [쓸], [취]로 발음합니다.

castle [캐쓸]
성

watch [와취]
보다

listen [리쓴]
듣다

often [오-펀]
종종, 자주

예외공식 09　w = 묵음

sw는 swim[스윔]처럼 일반적으로는 [스우]로 소리 나지만, w가 소리 나지 않는 예외적인 경우가 있습니다. 이때는 s만 소리가 나서 sw를 [쓰]로 발음합니다.

sword [쏠-드]
검, 칼

answer [앤썰]
정답

예외 공식 B: 이중자음　🎧 63-2

예외공식 10　ch = 쉬

드물지만 ch는 sh처럼 [쉬]로 소리 날 때가 있습니다. 주로 프랑스어에서 온 단어가 이렇게 발음됩니다.

chef [쉐프]
주방장

machine [머쉰-]
기계

brochure [브로우슈어]
(광고용) 소책자

예외공식 11　sch = 스ㅋ

sch에서 ch는 k처럼 [ㅋ]로 발음합니다. 따라서 [스ㅋ]로 소리 내면 됩니다.

school [스쿨-]
학교

schedule [스케줄-]
일정, 스케줄

scheme [스킴-]
계획

예외공식 12　shr = 쉬ㄹ

shr은 sh의 [쉬] 발음과 r의 [ㄹ] 발음을 자연스럽게 이어서 소리 냅니다.

shrimp [쉬림프]
새우

shrub [쉬럽]
관목

shrink [쉬링크]
줄다, 감소하다

예외 공식 13

thr = 쓰르

thr에서 th는 혀를 이 사이에 넣었다 빼면서 [쓰]하고 숨을 내뱉으며, 바로 이어서 혀를 굴려 소리 내는 r의 [르] 발음을 자연스럽게 이어 읽습니다.

three [쓰리-]
셋, 3

throw [쓰로우]
던지다

threat [쓰렡]
위협

예외 공식 C: 끝소리 🎧 63-3

예외 공식 14

-ft = 프트   **-st** = 스트   **-sk** = 스크

ft, st, sk가 단어 끝에 올 때는 자음소리 그대로 [프트], [스트], [스크]라고 발음합니다.

gi**ft** [기프트]
선물

ne**st** [네스트]
둥지

ma**sk** [매스크]
가면

예외 공식 15

-ct = ㅋ트   **-pt** = ㅍ트

ct와 pt가 단어 끝에 올 때는 c의 [ㅋ] 소리와 p의 [ㅍ] 소리를 받침처럼 넣은 후, 뒤에 [트] 발음을 약하게 덧붙입니다.

a**ct** [액트]
행동하다

scri**pt** [스크맆트]
대본

예외 공식 16

-mp = ㅁ프   **-nd** = ㄴ드   **-nt** = ㄴ트

mp, nd, nt가 단어 끝에 올 때는 m은 ㅁ 받침소리를, n은 ㄴ 받침소리를 붙인 뒤, 뒤에 나오는 자음소리를 약하게 덧붙입니다.

la**mp** [램프]
등

ha**nd** [핸드]
손

te**nt** [텐트]
텐트

예외공식 17

-ld = ㄹ드   **-lk** = ㄹ크   **-lp** = ㄹ프   **-lt** = ㄹ트   **-lf** = ㄹ프

ld, lk, lp, lt가 단어 끝에 올 때는 l을 ㄹ 받침처럼 넣은 다음, 뒤에 오는 자음소리를 약하게 소리 냅니다.

cold [코울드]
감기

milk [밀크]
우유

help [헬프]
돕다

salt [쏠-트]
소금

wolf [울프]
늑대

예외공식 18

-ble = 블   **-cle** = 클   **-dle** = 들   **-gle** = 글   **-kle** = 클
-ple = 플   **-tle** = 틀   **-zle** = 즐

b/c/d/f/g/k/p/s/t/z+le가 단어 끝에 올 때는 뒤의 e 발음은 따로 하지 않습니다. **-bble, -ddle, -ggle, -pple, -ttle, -zzle**의 형태로 b, d, g, p, t, z는 자음이 두 개 올 때도 있는데 이때도 똑같이 발음합니다.

table [테이블]
탁자, 테이블

circle [썰-클]
원, 동그라미

riddle [리들]
수수께끼

eagle [이-글]
독수리

ankle [앵클]
발목

apple [애플]
사과

bottle [바틀]
병

puzzle [퍼즐]
퍼즐

예외공식 19

-tion = 션

tion은 [티온]이 아니라 [션]으로 발음합니다. **question**[퀘스천: 질문]처럼 드물게 [천]으로 발음하기도 합니다.

station [스테이션]
역

vacation [베이케이션]
방학

action [액션]
행동

예외공식 20   -sion = 션/전

sion은 [시온]이 아니라 [션]이나 [전]으로 소리 납니다. s를 하나 더 붙여 -ssion의 형태로 쓸 때도 있습니다.

passion [패션]
열정

television [텔러비전]
텔레비전

예외공식 21   -dge = 쥐

-dge는 -ge와 마찬가지로 [쥐]로 소리 납니다.

bridge [브리쥐]
다리, 교량

edge [에쥐]
모서리

fridge [프리쥐]
냉장고

예외공식 22   -all = 올-

all로 끝나는 단어는 [올-]로 발음하는데, 이때 [오]는 [오]와 [어]의 중간으로 발음하세요.

ball [볼-]
공

small [스몰-]
작은

tall [톨-]
키가 큰

예외공식 23   -ind = 아인드

ind로 끝나는 단어는 wind처럼 i가 짧은 [이] 소리를 내기도 하지만, 대개는 [아이]로 소리 납니다.

kind [카인드]
친절한

find [파인드]
찾다

mind [마인드]
마음

예외공식 24

-que = ㅋ

단어 끝에 오는 que는 [큐] 소리가 아니라 k처럼 [ㅋ] 소리를 낼 때가 있습니다.

unique [유-니-크]
독특한

antique [앤티-크]
골동품

mosque [마스크]
모스크, 회교사원

예외공식 25

-sm = 즘

sm이 단어 끝에 오면 s가 [ㅈ] 소리를 내서 [즘]으로 발음합니다.

racism [레이씨즘]
인종차별주의

prism [프리즘]
프리즘

발음기호랑 같이 보는
영어 단어장

MP3 바로 듣기

영어사전에는 단어 옆에 발음을 쉽게 읽을 수 있게 도와주는
발음기호가 적혀 있습니다. 여기서는 책에 나왔던 모든 단어를
알파벳 순서대로 발음기호와 뜻을 함께 정리했습니다.
발음기호가 생소하신 분들은 16쪽의 〈한눈에 보는 발음기호〉를
참고하세요. 영어단어와 우리말 뜻을 함께 읽은 MP3 파일도
다락원 홈페이지에서 무료로 받을 수 있으니
꼭 들어 보고 정확한 발음을 확인하시기 바랍니다.

a로 시작하는 단어 🎧 64-01

ache [eik] 통증 • 82
across [əkrɔ́:s] ~을 가로질러 • 76
act [ækt] 행동하다 • 113, 183
action [ǽkʃən] 행동 • 184
add [æd] 더하다, 추가하다 • 113
affair [əfɛ́ər] 문제, 일 • 167
after [ǽftər] ~후에 • 165
age [eidʒ] 나이 • 34
agree [əgríː] 동의하다 • 151
aid [eid] 지원 • 141
aim [eim] 목표, 목적 • 141
aisle [ail] 통로 • 181
album [ǽlbəm] 앨범 • 112
alley [ǽli] 골목길 • 159
ankle [ǽŋkl] 발목 • 184
annoy [ənɔ́i] 괴롭히다, 짜증 나게 하다 • 151
another [ənʌ́ðər] 또 다른 • 86, 151
answer [ǽnsər] 정답 • 182
ant [ænt] 개미 • 112
antique [æntíːk] 골동품 • 186
apple [ǽpl] 사과 • 63, 112, 184
arm [aːrm] 팔 • 161
assign [əsáin] 할당하다, (일을) 맡기다 • 103
August [ɔ́ːgəst] 8월 • 155
author [ɔ́ːθər] 저자, 작가 • 154
autumn [ɔ́ːtəm] 가을 • 104

b로 시작하는 단어 🎧 64-02

baby [béibi] 아기 • 26
back [bæk] 등, 뒤쪽의 • 95, 113
bad [bæd] 나쁜 • 27, 113
bag [bæg] 가방 • 34
ball [bɔːl] 공 • 26, 185
band [bænd] 악단, (음악) 밴드 • 112
bank [bæŋk] 은행 • 93
bare [bɛər] 벌거벗은, 노출된 • 167
base [beis] 기초 • 54
bath [bæθ] 목욕 • 86
be [biː] ~이다, 있다 • 129
bean [biːn] 콩 • 27
bear [bɛər] 곰, 참다 • 27
beat [biːt] 이기다, 때리다 • 143
bed [bed] 침대 • 27, 114
beef [biːf] 소고기 • 32
beer [biər] 맥주 • 168
bell [bel] 종, 초인종 • 27
belt [belt] 벨트, 허리띠 • 115
bench [bentʃ] 벤치, 긴 의자 • 83
big [big] 큰 • 27, 116
bike [baik] 자전거 • 41
bill [bil] 청구서, 지폐 • 117
bird [bəːrd] 새 • 31, 163
birth [bəːrθ] 탄생, 출생 • 163
bite [bait] 물다, 깨물다 • 131
black [blæk] 검은색, 검은 • 74
blouse [blaus] 블라우스 • 75, 146
blue [bluː] 파란색, 파란 • 75
boat [bout] 배, 보트 • 147
body [bádi] 몸 • 67

boil [bɔil] (액체를) 끓이다 • 151
bomb [bam] 폭탄 • 105
book [buk] 책 • 27, 152
born [bɔːrn] 태어나다 • 160
bottle [bátl] 병 • 184
bow [bau] 절하다 • 149
bowl [boul] 대접, 그릇 • 43
box [baks] 상자 • 62, 119
boy [bɔi] 소년 • 26, 151
brag [bræg] 자랑하다, 뽐내다 • 77
brave [breiv] 용감한 • 59
break [breik] 부수다, 깨다 • 41
breath [breθ] 숨, 호흡 • 87
brew [bruː] (커피, 차를) 끓이다 • 156
bridge [bridʒ] 다리, 교량 • 39, 185
brief [briːf] 간결한 • 145
bright [brait] 밝은, 영리한 • 107
bring [briŋ] 가져오다, 가지고 가다 • 93
brochure [brouʃúər] (광고용) 소책자 • 182
brother [brʌ́ðər] 형, 오빠, 남동생 • 165
brown [braun] 갈색 • 76, 149
brush [brʌʃ] 솔, 브러시 • 84
bug [bʌg] 벌레 • 121
burn [bəːrn] 태우다, 화상 • 163
bus [bʌs] 버스 • 120
busy [bízi] 바쁜 • 55
butter [bʌ́tər] 버터 • 164
buzz [bʌz] (벌이) 윙윙거리다 • 69
by [bai] ~옆에 • 67

C로 시작하는 단어  64-03

cage [keidʒ] 새장, 우리 • 127
cake [keik] 케이크 • 28, 127
call [kɔːl] 부르다, 전화하다 • 29
calm [kaːm] 고요한 • 181
camp [kæmp] 캠프, 야영 • 49
can [kæn] 캔, 깡통 • 29
candy [kǽndi] 사탕 • 66
cap [kæp] (앞에 챙 달린) 모자 • 112
car [kaːr] 자동차 • 29, 160
card [kaːrd] 카드 • 161
care [kɛər] 보살핌, 돌봄 • 167
career [kəríər] 경력, 직업 • 169
carry [kǽri] 나르다, 운반하다 • 29
cash [kæʃ] 현금 • 85
castle [kǽsl] 성, 성곽 • 89, 181
cat [kæt] 고양이 • 113
catch [kætʃ] 잡다 • 60, 107
caught [kɔːt] 잡았다 (catch의 과거, 과거분사형) • 107
cause [kɔːz] 이유 • 155
cave [keiv] 동굴 • 59
ceiling [síːliŋ] 천장 • 29
cell [sel] 세포 • 115
center [séntər] 중심 • 165
chair [tʃɛər] 의자 • 166
chance [tʃæns] 기회, 가능성 • 83
change [tʃeindʒ] 바꾸다 • 34
cheap [tʃiːp] 값싼 • 82
check [tʃek] 확인하다 • 95
cheer [tʃiər] 환호하다 • 168
cheese [tʃiːz] 치즈 • 83
chef [ʃef] 주방장 • 182

cherry [tʃéri] 버찌, 벚나무 • 83
chest [tʃest] 가슴, 흉부 • 83
chew [tʃuː] 씹다 • 157
chicken [tʃíkin] 닭, 닭고기 • 95
chief [tʃiːf] 최고위자, 장관 • 145
child [tʃaild] 아이 • 83
chimney [tʃímni] 굴뚝 • 159
chin [tʃin] 턱 • 83
Chinese [tʃàiníːz] 중국인, 중국어, 중국의 • 129
choose [tʃuːz] 선택하다 • 83
Christmas [krísməs] 성탄절, 크리스마스 • 82
church [tʃəːrtʃ] 교회 • 82
circle [séːrkl] 동그라미 • 29, 184
city [síti] 도시 • 28
clap [klæp] 손뼉 치다 • 48
class [klæs] 학급, 수업 • 54
clay [klei] 점토, 진흙 • 75
clean [kliːn] 청소하다 • 74
clear [kliər] 분명한 • 169
cliff [klif] 절벽 • 32
climb [klaim] 등반하다 • 104
clock [klak] 시계 • 119
close [klouz] (문을) 닫다 • 55, 133
close [klous] 가까운 • 55
cloud [klaud] 구름 • 75
club [klʌb] 클럽, 동호회 • 27
clue [kluː] 단서, 실마리 • 157
coat [kout] 외투, 코트 • 146
coffee [kɔ́ːfi] 커피 • 28
coin [kɔin] 동전 • 150
cold [kould] 감기, 추운 • 29, 184
column [káləm] 기둥, (신문의) 칼럼 • 104
comb [koum] 빗질하다, 빗 • 105
come [kʌm] 오다 • 132

condemn [kəndém] 비난하다, 규탄하다 • 105
cone [koun] 원뿔 • 133
convey [kənvéi] 전달하다 • 159
cook [kuk] 요리하다, 요리사 • 40, 153
copy [kápi] 복사, 베끼다 • 67
corn [kɔːrn] 옥수수 • 160
cough [kɔːf] 기침, 기침하다 • 90
count [kaunt] 수를 세다 • 147
cover [kʌ́vər] 덮다, 표지 • 59, 164
cow [kau] 젖소 • 148
cozy [kouzi] 아늑한, 안락한 • 69
crab [kræb] 게 • 76
cream [kriːm] (우유의) 크림, 유지 • 77
crew [kruː] 승무원 • 157
cried [kraid] 울었다 (cry의 과거형) • 145
cross [krɔːs] 가로지르다 • 77
crown [kraun] 왕관 • 149
cry [krai] 울다 • 67
cube [kjuːb] 정육면체 • 135
cup [kʌp] 컵 • 48, 121
curse [kəːrs] 저주 • 162
cut [kʌt] 자르다 • 121
cute [kjuːt] 귀여운 • 134
cycle [sáikl] 순환 • 29

d로 시작하는 단어 🎧 64-04

dad [dæd] 아빠 • 31
damn [dæm] 빌어먹을 (화날 때 쓰는 욕설) • 105
dance [dæns] 춤추다 • 31

danger [déindʒər] 위험 • 35
dark [da:rk] 어두운 • 30, 161
date [deit] 날짜 • 126
dawn [dɔ:n] 새벽 • 155
day [dei] 날, 하루 • 141
deal [di:l] 거래, 다루다 • 143
dear [diər] 친애하는, 사랑하는 • 169
death [deθ] 죽음 • 86
debt [det] 빚 • 180
deep [di:p] 깊은 • 49, 143
deer [diər] 사슴 • 169
delete [dilí:t] 삭제하다 • 129
design [dizáin] 디자인 • 103
desk [desk] 책상 • 31, 114
dew [dju:] 이슬 • 156
dice [dais] 주사위 • 131
die [dai] 죽다 • 145
dig [dig] (땅을) 파다 • 31
digestion [didʒéstʃən] 소화 • 51
dine [dain] 식사를 하다 • 130
dinner [dínər] 저녁식사 • 164
dirty [də́:rti] 더러운 • 31, 162
dish [diʃ] 접시 • 84
dive [daiv] 잠수하다 • 131
do [du] ~을 하다 • 31
dog [dɔg] 개 • 30
doll [dal] 인형 • 42
dolphin [dálfin] 돌고래 • 91
dome [doum] 둥근 지붕, 돔 • 133
door [dɔ:r] 문 • 31
doubt [daut] 의심 • 180
dough [dou] 밀가루 반죽 • 106
dove [dʌv] 비둘기 • 59
down [daun] 아래로 • 149

doze [douz] 졸다 • 68
dozen [dʌz(ə)n] 12개, 한 다스 • 69
draw [drɔ:] 그리다 • 154
dream [dri:m] 꿈, 꿈꾸다 • 77
drink [driŋk] 마시다 • 92
drop [drap] 하락하다 • 119
drum [drʌm] 북, 드럼 • 45
dry [drai] 마른, 말리다 • 76
duck [dʌk] 오리 • 94, 121
due [dju:] (어음 등이) 만기의 • 157
dumb [dʌm] 멍청한 • 105
dust [dʌst] 먼지 • 31

e로 시작하는 단어 🎧 64-05

eagle [í:gl] 독수리 • 184
ear [iər] 귀 • 169
east [i:st] 동쪽 • 56
easy [í:zi] 쉬운 • 55
eat [i:t] 먹다 • 142
edge [edʒ] 모서리, 가장자리 • 114, 185
edit [édit] 편집하다 • 114
egg [eg] 달걀 • 114
eight [eit] 8, 여덟 • 107
employ [implɔ́i] 고용하다 • 151
end [end] 끝나다 • 115
engine [éndʒin] 엔진 • 35
enjoy [indʒɔ́i] 즐기다 • 150
enough [inʌ́f] 충분한, 충분히 • 91
envy [énvi] 질투하다 • 114

equal [íːkwəl] 평등한 • 51
eve [iːv] 전날 밤 • 129
evening [íːvniŋ] 저녁 • 128
exact [igzǽkt] 정확한 • 63
exam [igzǽm] 시험 • 62
example [igzǽmpl] 예, 보기 • 63
exile [égzail] 망명, 추방 • 63
exist [igzíst] 존재하다 • 63
exit [égzit] 출구 • 63
extra [ékstrə] 여분의, 추가의 • 63

f로 시작하는 단어  64-06

face [feis] 얼굴 • 28, 127
fair [fɛər] 공정한 • 167
fall [fɔːl] 떨어지다 • 33
far [faːr] 먼, 훨씬 • 161
fast [fæst] 빠른 • 33
fat [fæt] 뚱뚱한 • 112
father [fáːðər] 아버지 • 86
fault [fɔːlt] 잘못, 결점 • 155
fear [fiər] 두려움, 공포 • 169
feel [fiːl] 느끼다 • 33, 143
fever [fíːvər] 열 • 165
few [fjuː] 몇몇의 • 157
field [fiːld] 들판, 분야 • 145
fight [fait] 싸우다 • 107
fill [fil] 채우다 • 33
find [faind] 찾다 • 33, 185
fine [fain] 좋은 • 33
finger [fíŋgər] 손가락 • 92

fire [faiər] 불 • 33
first [fəːrst] 첫, 처음의 • 163
fish [fiʃ] 물고기 • 32
five [faiv] 5, 다섯 • 58
flag [flæg] 깃발 • 35
flare [flɛər] 확 타오르다, 불꽃 • 166
flight [flait] 비행 • 106
floor [flɔːr] 층, 바닥 • 75
flower [fláuər] 꽃 • 74
flute [fluːt] 플루트, 피리 • 75, 134
fly [flai] 날다 • 67
food [fuːd] 음식 • 32
foot [fut] 발 • 33, 152
foreign [fɔ́ːrən] 외국의 • 102
fork [fɔːrk] 포크 • 160
fox [faks] 여우 • 62
free [friː] 자유로운, 무료의 • 77
fridge [fridʒ] 냉장고 • 185
fried [fraid] 기름에 튀긴, 튀겼다 (fry의 과거형) • 145
frog [frɔːg] 개구리 • 76
fruit [fruːt] 과일 • 77
fry [frai] (기름에) 튀기다 • 66
fun [fʌn] 재미있는 • 121
fur [fəːr] 털, 모피 • 162
fuse [fjuːz] (전기) 퓨즈 • 135

g로 시작하는 단어  64-07

gain [gein] 얻다 • 141
game [geim] 게임, 경기 • 35, 127
gate [geit] 대문 • 127

gaze [geiz] 응시하다 · 69
gene [dʒi:n] 유전자 · 129
get [get] 받다, 얻다 · 35
gift [gift] 선물 · 34, 183
ginger [dʒíndʒər] 생강 · 35
giraffe [dʒəræf] 기린 · 34
girl [gə:rl] 소녀 · 163
give [giv] 주다 · 59
glad [glæd] 기쁜 · 74
glass [glæs] 유리 · 75
glove [glʌv] 장갑, 야구 글러브 · 75
glue [glu:] 접착제, 풀 · 156
gnash [næʃ] (화가 나서) 이를 갈다 · 103
goat [gout] 염소 · 35, 147
god [gad] 신, 하느님 · 119
good [gud] 좋은 · 35, 153
grab [græb] 움켜쥐다 · 77
graph [græf] 그래프 · 91
gray [grei] 회색 · 140
green [gri:n] 초록색 · 76, 143
grey [grei] 회색 (= gray) · 159
grief [gri:f] 슬픔 · 145
group [gru:p] 단체, 그룹 · 77
grow [grou] 성장하다 · 149
grown [groun] 장성한 (grow의 과거분사형) · 148
growth [grouθ] 성장 · 86
gum [gʌm] 껌 · 120
gun [gʌn] 총 · 121
gym [dʒim] 체육관 · 35

h로 시작하는 단어  64-08

hair [hɛər] 머리카락 · 167
half [hæf] 절반 · 181
ham [hæm] 햄 · 37
hand [hænd] 손 · 31, 112, 183
handsome [hǽnsəm] 잘 생긴 · 180
hang [hæŋ] 걸다, 매달다 · 37
happy [hǽpi] 행복한 · 36
hard [ha:rd] 열심히 · 160
hat [hæt] 모자 · 36, 113
hate [heit] 미워하다, 증오하다 · 37
have [hæv] 가지고 있다 · 37
he [hí:] 그는 · 128
head [hed] 머리 · 30
health [helθ] 건강 · 87
hear [hiər] 듣다 · 168
heart [ha:rt] 마음, 심장 · 37
heavy [hévi] 무거운 · 67
help [help] 돕다 · 37, 115, 184
hen [hen] 암탉 · 47
her [hər] 그녀의 · 165
here [hiər] 여기에 · 168
hey [hei] 이봐, 야 · 159
hide [haid] 숨다, 숨기다 · 37
high [hai] 높은 · 106
hike [haik] 하이킹하다, 도보여행하다 · 36
hill [hil] 언덕 · 37
hire [haiər] 고용하다 · 33
hit [hit] 치다, 때리다 · 117
hold [hould] 잡다, 붙들다 · 37
hole [houl] 구멍 · 43
home [houm] 집, 가정 · 132

honey [hʌ́ni] 꿀 • 159
honor [ánər] 영광 • 180
hook [huk] 갈고리 • 153
hope [houp] 희망 • 133
horn [hɔːrn] 경적 • 160
horse [hɔːrs] 말 • 37
hot [hat] 더운, 뜨거운 • 57, 118
hotel [houtél] 호텔 • 57
hour [auər] 시간 • 180
house [haus] 집 • 36, 147
hug [hʌg] 포옹하다 • 37
huge [hjuːdʒ] 거대한 • 35, 135
hundred [hʌ́ndrəd] 백, 100 • 76
hungry [hʌ́ŋgri] 배고픈 • 92
hurt [həːrt] 다치다 • 163
hut [hʌt] 오두막 • 121
hymn [him] 찬송가, 찬가 • 105

i로 시작하는 단어  64-09

ill [il] 아픈 • 117
ink [iŋk] 잉크 • 116
island [áilənd] 섬 • 181
isle [ail] 섬 • 181
it [it] 그것 • 117

j로 시작하는 단어  64-10

jacket [dʒǽkit] 재킷 • 39, 94
jail [dʒeil] 교도소 • 39
jam [dʒæm] 잼 • 38
jar [dʒaːr] 병, 항아리 • 38
jazz [dʒæz] 재즈 (음악) • 69
jeans [dʒiːnz] 청바지 • 38
jeep [dʒiːp] 지프차 • 39
jelly [dʒéli] 젤리 • 39
jet [dʒet] 제트기 • 39
job [dʒab] 직업 • 26
jog [dʒag] 조깅하다 • 39
join [dʒɔin] 함께 하다 • 151
joke [dʒouk] 농담, 농담하다 • 133
joy [dʒɔi] 기쁨, 환희 • 39, 151
judge [dʒʌdʒ] 판사, 판단하다 • 39
juice [dʒuːs] 주스 • 38
jump [dʒʌmp] 뛰어오르다 • 39
June [dʒuːn] 6월 • 39, 134
just [dʒʌst] 딱, 바로 • 39

k로 시작하는 단어 64-11

keep [kiːp] 지키다, 계속하다 • 41, 143
key [kiː] 열쇠 • 158
kick [kik] 발로 차다 • 41, 94
kid [kid] 아이 • 40
kill [kil] 죽이다 • 117

kind [kaind] 친절한, 종류 • 41, 44, 185
king [kiŋ] 왕 • 40, 93
kiss [kis] 키스, 입맞춤 • 117
kitchen [kítʃən] 부엌 • 41
kite [kait] 연 • 40
knee [ni:] 무릎 • 102
kneel [ni:l] 무릎을 꿇다 • 103
knife [naif] 칼 • 103
knit [nit] 뜨개질하다 • 102
knock [nak] 노크하다 • 103
knot [nat] (밧줄) 매듭 • 103
know [nou] 알다 • 103

l로 시작하는 단어 🎧 64-12

lack [læk] 부족한 • 113
lake [leik] 호수 • 40
lamb [læm] 새끼양, 새끼양고기 • 104
lamp [læmp] 램프, 등 • 43, 183
land [lænd] 육지, 땅 • 47
lane [lein] 차선, 좁은 길 • 127
lap [læp] 무릎 • 113
large [la:rdʒ] 커다란, 큰 • 34
laugh [læf] 웃다 • 90
laughter [læftər] 웃음 • 91
law [lɔ:] 법 • 155
lawn [lɔ:n] 잔디밭 • 154
lay [lei] ~을 놓다, 알을 낳다 • 141
lazy [léizi] 게으른 • 68
leaf [li:f] 나뭇잎 • 33

leave [li:v] 출발하다 • 59
leg [leg] 다리 • 34
lemon [lémən] 레몬 • 42
letter [létər] 편지 • 164
library [láibrèri] 도서관 • 76
lie [lai] 거짓말, 눕다 • 145
life [laif] 삶, 인생 • 43, 131
light [lait] 빛 • 107
like [laik] 좋아하다 • 43
lily [líli] 백합 • 42
lime [laim] 라임 (레몬과 비슷한 녹색 과일) • 131
line [lain] 선 • 43, 131
lion [láiən] 사자 • 43
liquid [líkwid] 액체 • 51
list [list] 목록 • 57
listen [lísn] 듣다 • 181
live [liv] 살다 • 43
lizard [lízərd] 도마뱀 • 69
lock [lak] 자물쇠 • 95, 119
long [lɔ:ŋ] 긴 • 92
look [luk] 보다 • 41, 153
lord [lɔ:rd] 주인, 지배자 • 161
loud [laud] 시끄러운 • 43, 147
love [lʌv] 사랑하다 • 43
low [lou] (높이, 위치가) 낮은 • 149
luck [lʌk] 운, 행운 • 95
lunch [lʌntʃ] 점심식사 • 82

m으로 시작하는 단어 🎧 64-13

machine [məʃiːn] 기계 • 182
mail [meil] 우편, 우편물 • 140
make [meik] 만들다 • 45, 127
male [meil] 남성 • 45
mall [mɔːl] 쇼핑몰 • 43
man [mæn] 남자 • 113
many [méni] 많은, 여러 • 45
map [mæp] 지도 • 113
march [maːrtʃ] 행진하다 • 161
mask [mæsk] 가면, 마스크 • 183
mate [meit] 짝, 친구 • 127
math [mæθ] 수학 • 87
matter [mǽtər] 문제, 사안 • 164
May [mei] 5월 • 141
maze [meiz] 미로, 미궁 • 69
me [míː] 나를 • 129
meal [miːl] 식사 • 45, 143
meet [miːt] 만나다 • 142
memo [mémou] 메모 • 45
men [men] 남자들 (man의 복수형) • 115
metro [métrou] 지하철 • 76
milk [milk] 우유 • 45, 117, 184
mind [maind] 마음, 정신 • 44, 185
mine [main] 내 것 • 131
miss [mis] 놓치다, 그리워하다 • 55
mix [miks] 섞다 • 45
mom [mam] 엄마 • 44, 119
money [mʌ́ni] 돈 • 159
monkey [mʌ́ŋki] 원숭이 • 159
month [mʌnθ] (달력의) 달, 월 • 45
mood [muːd] 기분, 분위기 • 153

moon [muːn] 달 • 44
mop [map] 대걸레 • 118
morning [mɔ́ːrniŋ] 아침 • 93
mosque [mask] 모스크, 이슬람교 사원 • 186
mother [mʌ́ðər] 어머니 • 87
mouse [maus] 쥐 • 147
mouth [mauθ] 입 • 146
mug [mʌg] 머그잔 • 121
mule [mjuːl] 노새 • 134
muscle [mʌ́sl] 근육 • 180
music [mjúːzik] 음악 • 55
mute [mjuːt] 무언의, 벙어리 • 135
my [mai] 나의 • 67

n으로 시작하는 단어 🎧 64-14

nail [neil] 손톱, 못 • 47, 141
name [neim] 이름 • 47, 126
nap [næp] 낮잠 • 47
near [niər] 가까운 • 169
neck [nek] 목 • 95
need [niːd] 필요로 하다 • 47
neighbor [néibər] 이웃 • 107
nephew [néfjuː] 남자조카 • 90
nest [nest] 둥지 • 115, 183
net [net] 그물 • 47, 115
never [névər] 결코 ~않다 • 165
new [nuː] 새로운 • 47
next [nekst] 다음의 • 63
nice [nais] 좋은, 괜찮은 • 131

niece [niːs] 여자조카 • 145
night [nait] 밤 • 106
nine [nain] 아홉, 9 • 46
noise [nɔiz] 시끄러운 • 151
noon [nuːn] 정오, 낮 12시 • 46
nose [nouz] 코 • 46, 133
note [nout] 기록하다 • 133
now [nau] 지금 • 47
nude [njuːd] 나체의 • 135
nurse [nəːrs] 간호사 • 46, 163
nut [nʌt] 견과 • 56

o로 시작하는 단어  64-15

obese [oubíːs] 비만인, 살찐 • 129
obey [oubéi] 복종하다 • 159
odd [ad] 이상한 • 119
often [ɔ́ːfən] 종종, 자주 • 181
oil [ɔil] 기름 • 150
olive [áliv] 올리브 • 58
only [óunli] 오직, 단지 • 67
over [óuvər] ~너머로 • 165
ox [aks] 황소 • 63, 118
oyster [ɔ́istər] 굴 • 151

p로 시작하는 단어  64-16

pack [pæk] (짐을) 싸다, 짐 • 95
page [peidʒ] 쪽, 페이지 • 127
pain [pein] 통증, 고통 • 47
pair [pɛər] 한 쌍 • 167
pan [pæn] 프라이팬 • 113
paper [péipər] 종이 • 165
park [paːrk] 공원 • 49
party [páːrti] 파티 • 66, 162
pass [pæs] 통과하다, 지나가다 • 113
passion [pǽʃən] 열정 • 185
pause [pɔːz] 정지, 멈춤 • 155
paw [pɔː] (네발 짐승의) 발 • 155
pay [pei] 지불하다 • 49, 140
peace [piːs] 평화 • 29
pear [pɛər] 배 (과일) • 168
peer [piər] 동년배, 또래 • 169
pen [pen] 펜 • 48
people [píːpl] 사람들 • 63
pet [pet] 애완동물 • 49
phase [feiz] 단계, 형상 • 91
phone [foun] 전화 • 90
photo [fóutou] 사진 • 91
photograph [fóutougræf] 사진(= photo) • 91
piano [piǽnou] 피아노 • 48
pick [pik] 고르다, 뽑다 • 95
pie [pai] 파이 • 144
piece [piːs] 조각 • 144
pig [pig] 돼지 • 49, 117
pin [pin] 핀, 머리핀 • 49
pine [pain] 소나무 • 46
pink [piŋk] 분홍색 • 93

plan [plæn] 계획 • 74
plant [plænt] 식물, 심다 • 75
please [pli:z] 제발, 부디 • 75
pneumonia [njumóunjə] 폐렴 • 181
point [pɔint] 점, 지적하다 • 151
pool [pu:l] 수영장 • 49, 152
pork [pɔ:rk] 돼지고기 • 161
port [pɔ:rt] 항구 • 161
pose [pouz] 자세, 포즈 • 55
pot [pat] 냄비, 화분 • 119
prawn [prɔ:n] 새우 • 76
prey [prei] 먹이 • 158
pride [praid] 자존심 • 77
prism [prizm] 프리즘 • 186
prize [praiz] 상, 상품 • 69
prune [pru:n] 자두 • 135
psycho [sáikou] 정신병자 • 181
pull [pul] 당기다 • 49
purple [pə́:rpl] 보라색 • 163
purse [pə:rs] 지갑 • 162
push [puʃ] 밀다 • 49
put [put] 놓다, 두다 • 57
puzzle [pʌzl] 퍼즐 • 184

question [kwéstʃən] 질문 • 51
quick [kwik] 빠른, 빨리 • 51
quiet [kwáiət] 조용한 • 50
quilt [kwilt] 누비 이불 • 50
quit [kwit] 그만두다 • 51
quite [kwait] 꽤, 아주 • 51
quiz [kwiz] 퀴즈 • 50
quota [kwóutə] 할당, 정원 • 51

r로 시작하는 단어  64-18

rabbit [rǽbit] 토끼 • 53
race [reis] 경주, 인종 • 29, 127
racism [réisizm] 인종차별주의 • 184
rain [rein] 비, 비가 오다 • 52
ram [ræm] 숫양 • 53
rare [rɛər] 희귀한 • 167
rat [ræt] 쥐 • 53
raw [rɔ:] 날것의, 익히지 않은 • 155
razor [réizər] 면도기 • 69
read [ri:d] 읽다 • 53, 143
ready [rédi] 준비된 • 67
real [rí:əl] 진짜의, 실제의 • 53
receipt [risí:t] 영수증 • 181
red [red] 빨간색, 빨간 • 31, 115
reign [rein] 통치하다 • 103
repair [ripɛ́ər] 수리하다 • 166
request [rikwést] 요청, 요구 • 51
rescue [réskju:] 구조하다 • 157
resign [rizáin] 사임하다 • 103

q로 시작하는 단어  64-17

quail [kweil] 메추라기 • 50
quality [kwáləti] 질, 성질 • 51
quarter [kwɔ́:rtər] 4분의 1 • 51
queen [kwi:n] 여왕 • 51

rest [rest] 휴식, 쉬다 • 52
rhyme [raim] 운, 음운 • 180
ribbon [ríbən] 리본 • 27
rice [rais] 쌀, 벼 • 29, 130
rich [ritʃ] 부유한 • 83, 117
riddle [rídl] 수수께끼 • 184
ride [raid] (차량에) 타다 • 53, 131
right [rait] 옳은 • 107
ring [riŋ] 반지 • 93
rise [raiz] 솟아오르다, 증가하다 • 54
river [rívər] 강 • 52
road [roud] 길 • 146
roast [roust] (불에) 굽다 • 147
robot [róubət] 로봇 • 53
rock [rak] 바위 • 53, 94
rocket [rákit] 로켓 • 95
role [roul] 역할 • 133
roll [roul] 굴러가다, 두루마리 • 53
roof [ru:f] 지붕 • 33, 152
room [ru:m] 방 • 44, 153
root [ru:t] 뿌리 • 153
rope [roup] 밧줄 • 132
rose [rouz] 장미 • 52, 133
rough [rʌf] 거친, 힘든 • 91
rub [rʌb] 문지르다 • 27
ruby [rú:bi] 루비 • 27
rude [ru:d] 무례한 • 135
rug [rʌg] 깔개 • 53
rule [ru:l] 규칙, 규정 • 135
run [rʌn] 달리다 • 53, 120
rush [rʌʃ] 돌진하다, 서두르다 • 85

S로 시작하는 단어 🎧 64-19

sad [sæd] 슬픈 • 30
safe [seif] 안전한 • 33
sale [seil] 판매, 세일 • 55
salt [sɔ:lt] 소금 • 57, 184
same [seim] 같은 • 45
sand [sænd] 모래 • 54
sauce [sɔ:s] 소스, 양념 • 154
save [seiv] 절약하다 • 127
saw [sɔ:] 톱, 봤다 (see의 과거형) • 155
say [sei] 말하다 • 141
scare [skɛər] 겁주다 • 167
scarf [ska:rf] 스카프 • 79
scary [skɛ́əri] 무서운 • 78
scene [si:n] 장면 • 128, 180
schedule [skédʒu:l] 일정, 스케줄 • 182
scheme [ski:m] 계획, 기획 • 129
school [sku:l] 학교 • 129, 182
science [sáiəns] 과학 • 128
scissors [sízərz] 가위 • 128, 180
scoop [sku:p] 국자 • 79
scream [skri:m] 비명, 비명을 지르다 • 80
screw [skru:] 나사 • 81
script [skript] 대본 • 183
scrub [skrʌb] 문지르다 • 81
sea [si:] 바다 • 142
seat [si:t] 좌석, 자리 • 55
see [si:] 보다 • 143
sell [sel] 팔다 • 55, 115
send [send] 보내다 • 55
set [set] (장소, 위치에) 두다, 놓다 • 115
shadow [ʃǽdou] 그림자 • 85

shake [ʃeik] 흔들다 • 85

share [ʃɛər] 나누다, 공유하다 • 85, 167

sharp [ʃa:rp] 날카로운 • 85

she [ʃi:] 그녀는 • 128

sheep [ʃi:p] 양 • 85

sheer [ʃiər] 순전한, 순수한 • 169

shell [ʃel] (조개) 껍질 • 84

ship [ʃip] 배, 선박 • 85, 117

shirt [ʃə:rt] 셔츠 • 85, 163

shock [ʃak] 충격, 충격을 주다 • 119

shop [ʃap] 가게 • 84

short [ʃɔ:rt] 짧은 • 161

show [ʃou] 보여주다 • 85, 149

shrimp [ʃrimp] 새우 • 182

shrink [ʃriŋk] 줄다, 감소하다 • 182

shrub [ʃrʌb] 관목 • 182

sick [sik] 아픈, 병든 • 95, 116

side [said] 측면, 면 • 55

sigh [sai] 한숨을 쉬다 • 107

sign [sain] 표지, 기호, 서명하다 • 102

silver [sílvər] 은, 은색 • 59

sing [siŋ] 노래하다 • 92

singer [síŋər] 가수 • 165

sink [siŋk] 싱크대 • 93

sister [sístər] 언니, 누나, 여동생 • 164

sit [sit] 앉다 • 116

six [siks] 6, 여섯 • 63

size [saiz] 크기 • 68

skate [skeit] 스케이트 타다, 스케이트 • 79

skill [skil] 기술, 실력 • 79

skin [skin] 피부 • 78

skirt [skə:rt] 치마 • 162

sky [skai] 하늘 • 66

sleep [sli:p] (잠을) 자다 • 75

slope [sloup] 경사지, 비탈 • 133

slow [slou] 느린 • 74, 149

small [smɔ:l] 작은 • 79, 185

smell [smel] 냄새 맡다 • 79

smile [smail] 미소 짓다 • 42

smoke [smouk] 흡연, 연기 • 78, 133

snack [snæk] 간식 • 78

snail [sneil] 달팽이 • 79

snow [snou] 눈, 눈이 내리다 • 148

soap [soup] 비누 • 147

sob [sab] 흐느끼다 • 26, 119

sock [sak] 양말 • 118

soft [sɔ:ft] 부드러운 • 32

soil [sɔil] 흙, 땅 • 151

solemn [sáləm] 엄숙한, 진지한 • 105

some [səm] 약간의 • 132

son [sʌn] 아들 • 47

song [sɔ́:ŋ] 노래 • 93

soon [su:n] 곧, 빨리 • 153

sound [saund] 소리 • 147

soup [su:p] 수프, 죽 • 49

south [sauθ] 남쪽 • 146

space [speis] 우주 • 78

speak [spi:k] 말하다 • 143

spin [spin] 회전하다, 돌다 • 79

splendor [spléndər] 영광, 화려함 • 81

split [split] 나누다, 쪼개다 • 80

splurge [splə:rdʒ] 돈을 마구 쓰다 • 81

sport [spɔ:rt] 스포츠, 운동 • 161

spray [sprei] 분무기 • 81

spread [spred] 퍼지다 • 81

spring [spriŋ] 봄 • 80

sprout [spraut] 새싹 • 81

square [skwɛər] 광장, 정사각형 • 78

squeeze [skwi:z] 짜내다, 압착하다 • 79
stair [stɛər] 계단 • 78, 167
stare [stɛər] 응시하다 • 166
station [stéiʃən] 역 • 51, 184
statue [stǽtʃu:] 조각상 • 156
stay [stei] 머물다 • 141
steak [steik] 스테이크 • 41
steer [stiər] 조종하다, ~의 키를 잡다 • 169
step [step] 단계 • 49
sticker [stíkər] 스티커 • 95
stomach [stʌ́mək] 위, 배 • 82
stone [stoun] 돌멩이 • 79
stop [stap] 멈추다 • 119
stove [stouv] 난로 • 132
street [stri:t] 거리 • 80
stress [stres] 스트레스 • 81
strike [straik] 치다, 때리다 • 81
string [striŋ] 줄, 끈 • 81
strong [strɔ:ŋ] 강한 • 81
study [stʌ́di] 공부하다 • 79
sun [sʌn] 해, 태양 • 54
survey [sə:rvei] 설문 조사 • 159
survey [sərvei] 설문 조사하다, 살펴보다 • 159
sweet [swi:t] 달콤한 • 79
swim [swim] 수영하다 • 78
switch [switʃ] 스위치, 전환하다 • 60
sword [sɔ:rd] 검, 칼 • 182

t로 시작하는 단어 🎧 64-20

table [téibl] 탁자, 테이블 • 56, 184
tail [teil] 꼬리 • 141
take [teik] 잡다, 취하다 • 40
talk [tɔ:k] 말하다 • 57
tall [tɔ:l] 키가 큰 • 57, 185
tank [tæŋk] 탱크 • 93
tape [teip] 접착 테이프 • 127
taught [tɔ:t] 가르쳤다 (teach의 과거, 과거분사형) • 155
tax [tæks] 세금 • 63
taxi [tǽksi] 택시 • 62
tea [ti:] 차, 찻잎 • 56
teach [ti:tʃ] 가르치다 • 83
team [ti:m] 팀, 조 • 45
tear [tiər] 눈물 • 168
tech [tek] 기술 • 82
television [téləviʒən] 텔레비전 • 185
tell [tel] 말하다 • 114
ten [ten] 10, 열 • 57
tent [tent] 텐트 • 183
test [test] 시험 • 57
thank [θæŋk] 감사하다 • 87
that [ðæt] 저것, 저 • 87
theme [θi:m] 주제, 테마 • 129
then [ðen] 그 다음에, 그렇다면 • 87
these [ði:z] 이것들 (this의 복수형) • 129
they [ðei] 그들은 • 158
thick [θik] 두꺼운 • 87
thief [θi:f] 도둑 • 144
thin [θin] 마른, 얇은 • 86
think [θiŋk] 생각하다 • 92
this [ðis] 이것, 이 • 86

those [ðouz] 저것들 (that의 복수형) • 87
threat [θret] 위협 • 183
three [θri:] 3, 셋 • 183
through [θru:] ~을 통해서 • 107
throw [θrou] 던지다 • 183
thumb [θʌm] 엄지손가락 • 105
tie [tai] 넥타이 • 144
tiger [táigər] 호랑이 • 165
tight [tait] 꽉 끼는 • 107
time [taim] 시간 • 130
tire [taiər] 피곤하게 하다, 타이어 • 33
toad [toud] 두꺼비 • 147
toast [toust] 토스트 • 56
toe [tou] 발가락 • 57
together [təgéðər] 함께 • 86
tomb [tu:m] 무덤 • 105
too [tu:] 너무, 또한 • 153
top [tap] 정상, 맨 위 • 57, 119
touch [tʌtʃ] 만지다 • 83
tough [tʌf] 힘든, 어려운 • 91
tow [tou] 견인하다 • 149
town [taun] 마을, 도시 • 148
toy [tɔi] 장난감 • 150
train [trein] 기차 • 141
trash [træʃ] 쓰레기 • 85
tray [trei] 쟁반 • 76
tree [tri:] 나무 • 77, 142
tried [traid] 노력했다 (try의 과거형) • 145
trophy [tróufi] 트로피, 전리품 • 91
true [tru:] 사실인, 진정한 • 77, 157
trunk [trʌŋk] 트렁크 • 93
trust [trʌst] 신뢰하다, 믿다 • 121
try [trai] 노력하다 • 67
tube [tu:b] 튜브, 관 • 135

turkey [tɜ́:rki] 칠면조 • 163
turn [tə:rn] 돌다, 돌리다 • 163
typhoon [taifú:n] 태풍, 폭풍 • 91

u로 시작하는 단어 64-21

ugly [ʌ́gli] 못생긴 • 121
under [ʌ́ndər] ~아래에 • 121
unique [ju:ní:k] 독특한 • 186
up [ʌp] 위로, 위에 • 120
use [ju:z] 사용하다 • 135
use [ju:s] 사용, 이용 • 135

v로 시작하는 단어 64-22

vacation [veikéiʃən] 방학 • 184
vain [vein] 헛된 • 59
valley [væli] 계곡 • 158
value [vælju:] 가치, 평가 • 157
van [væn] 밴, 유개 트럭 • 59
vase [veis] 꽃병 • 126
very [véri] 매우 • 59
vest [vest] 조끼 • 58
vet [vet] 수의사 • 59
vice [vais] 악, 부도덕 • 131
view [vju:] 전망, 풍경 • 59

visit [vízit] 방문하다 • 58
voice [vɔis] 목소리 • 58
vote [vout] 투표하다 • 59, 132

W로 시작하는 단어 🎧 64-23

wage [weidʒ] 임금 • 127
wait [weit] 기다리다 • 140
wake [weik] 잠이 깨다, 깨우다 • 126
walk [wɔ:k] 걷다 • 181
wash [waʃ] 씻다 • 61
watch [watʃ] 손목시계, 보다 • 60
way [wei] 길, 방법 • 60
we [wí:] 우리는 • 129
weak [wi:k] 약한 • 61
wear [wɛər] (옷을) 입다, 착용하다 • 168
weather [wéðər] 날씨 • 87
web [web] 거미줄 • 61
Wednesday [wénzdei] 수요일 • 180
weigh [wei] 무게가 ~이다 • 107
well [wel] 잘, 충분히 • 61
west [west] 서쪽 • 61, 115
wet [wet] 젖은 • 61
whale [weil] 고래 • 88
what [watʃ] 무엇, 어떤 • 89
wheat [wi:t] 밀, 소맥 • 88
wheel [wi:l] 바퀴 • 88
when [wen] 언제 • 89
where [wɛər] 어디에, 어디로 • 89
whether [wéðər] ~이든 아니든 • 89

which [witʃ] 어떤, 어느 • 89
while [wail] ~하는 동안에 • 89
whip [wip] 채찍질하다 • 89
whiskey [wíski] 위스키 • 89
whisper [wíspər] 속삭이다, 속삭임 • 89
whistle [wísl] 휘파람 • 89
white [wait] 하얀 • 88
who [hu:] 누구 • 88
whole [houl] 전체의 • 88
whom [hu:m] 누구를 • 88
whose [hu:z] 누구의 • 88
why [wai] 왜, 어째서 • 89
wife [waif] 아내 • 130
wig [wig] 가발 • 61
win [win] 이기다 • 117
wind [wind] 바람 • 60
window [wíndou] 창문 • 61, 148
wing [wiŋ] 날개 • 61
wise [waiz] 현명한 • 61, 131
wolf [wulf] 늑대 • 61, 184
womb [wu:m] 자궁 • 105
wood [wud] 나무, 숲 • 153
wool [wul] 양모, 모직물 • 153
work [wə:rk] 일하다 • 60
would [wúd] ~할 것이다 (will의 과거형) • 181
wrap [ræp] 포장하다 • 100
wrath [ræθ] 분노 • 101
wreath [ri:θ] 화환 • 101
wreck [rek] 난파선, 파괴 • 101
wrench [rentʃ] 비틀다, 렌치, 스패너 • 101
wrestle [résl] 씨름하다 • 101
wring [riŋ] 쥐어짜다 • 101
wrinkle [ríŋkl] 주름 • 101
wrist [rist] 손목 • 100

write [rait] 쓰다, 적다 • 100
writer [ráitər] 작가 • 101
writing [ráitiŋ] 쓰기, 작문 • 101
wrong [rɔ́:ŋ] 잘못된, 틀린 • 100
wrote [rout] 썼다 (write의 과거형) • 101
wry [rai] 찡그린 • 101

z로 시작하는 단어 🎧 64-25

zebra [zí:brə] 얼룩말 • 68
zero [zírou] 영, 0 • 69
zip [zip] 지퍼로 잠그다 • 69
zoo [zu:] 동물원 • 68
zoom [zu:m] 급등하다, 폭락하다 • 69

x, y로 시작하는 단어 🎧 64-24

xylophone [záiləfòun] 실로폰 • 62
yacht [jat] 요트 • 65
yard [ja:rd] 마당 • 64
yawn [jɔ:n] 하품하다 • 64
year [jiər] 연도, 해 • 65, 169
yell [jel] 소리 지르다 • 65
yellow [jélou] 노란색 • 65
yes [jes] 네, 그래요 • 65
yet [jet] 아직 • 65
yield [ji:ld] 양도하다 • 65
yoga [jóugə] 요가 • 64
you [ju] 당신, 너 • 65
young [jʌŋ] 어린, 젊은 • 64
your [júər] 당신의 • 65
youth [ju:θ] 젊음 • 65, 146
yummy [jʌ́mi] 아주 맛있는 • 65

수고하셨습니다 ^^

시니어를 위한 친절한 영어 교과서

청춘영어 시리즈로 다시 시작하세요!

입문

처음 보는 영단어도
술술 읽고 싶다면

청춘 영어: 알파벳+파닉스

사전에서 단어를 찾아
바로 읽고 싶다면

청춘 영어: 발음 기호

초급

기초 문법, 단어, 회화를
종합적으로 학습하고 싶다면

다시 시작하는 청춘 영어 1·2

영단어를 따라 쓰면서
영어 기초를 다지고 싶다면

청춘 영어: 영단어 따라쓰기

중급

이웃집 찰스와 인사라도
한번 하고 싶다면

청춘 영어: 일상회화

해외여행 가서 영어 한 마디
해 보고 싶다면

청춘 영어: 여행회화

실전

글로벌 시대! 외국인 손님도
놓치지 않으려면

청춘 영어: 직업영어

PC에서 다락원 홈페이지 이용하기

컴퓨터에서 익스플로러, 크롬, 파이어폭스 같은 인터넷 프로그램을 켜고
다락원 홈페이지에 접속하세요.
내려받은 음성파일은 컴퓨터나 MP3 플레이어에서 들으시면 됩니다.

❶ 인터넷 주소창에 **darakwon.co.kr**을 입력하고 엔터를 누르세요.

❷ 화면 위쪽 가운데 검색창 옆에 있는 회원가입을 눌러 가입한 뒤,
아이디와 비밀번호를 넣어 로그인하세요. 회원가입은 무료입니다.

❸ 검색창에 **청춘 영어**를 입력하고 검색 버튼을 누르세요.

❹ [도서] **청춘 영어: 알파벳+파닉스**를 찾아 누른 후 버튼을 누르세요.
[MP3] **청춘 영어: 알파벳+파닉스**를 찾아 들어가셔도 됩니다.

❺ 각 파일명을 누르거나 '전체파일 다운로드'를 누르시면 파일을 받을 수 있습니다.

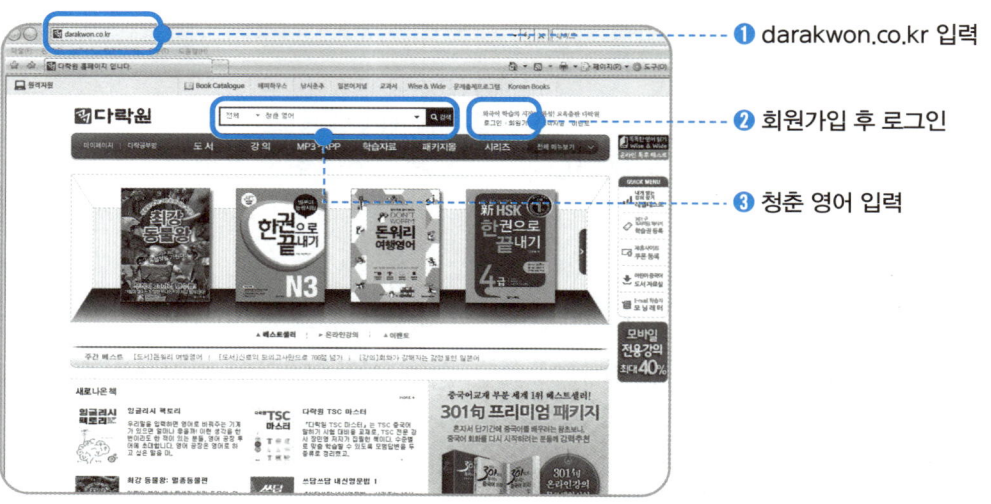

스마트폰에서 QR코드 찍어 이용하기

QR코드를 스캔하면 MP3 듣기 페이지로 바로 이동합니다.
회원이 아니어도, 로그인하지 않아도 MP3를 바로 들을 수 있습니다.

❶ **앱스토어** 나 **플레이스토어** 에 들어가세요.

❷ 'QR 코드'를 검색해서 **QR코드 리더** 나
무료 QR 코드 스캐너 등의 앱을 내려받으세요.

❸ 받은 앱을 실행하세요.

❹ 카메라 화면을 QR코드에 갖다 대면 강의 MP3 듣기 페이지로 바로 이동합니다.

❺ QR코드를 사용하기 어려우면 스마트폰에서 인터넷을 켜고 네이버나 다음 등의
포털 사이트 검색창에 **darakwon.co.kr**를 입력해서 들어가세요.
'다락원'을 입력해서 찾아 들어가셔도 됩니다.

여기에 카메라를 갖다 대세요.

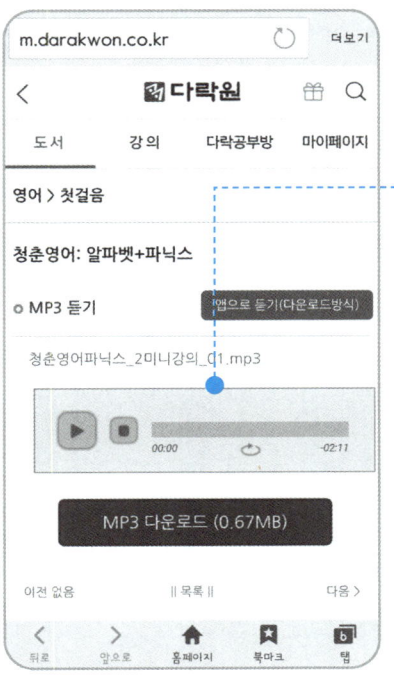

❹ QR 코드를 찍으면 곧바로 강의 듣기 페이지로 이동

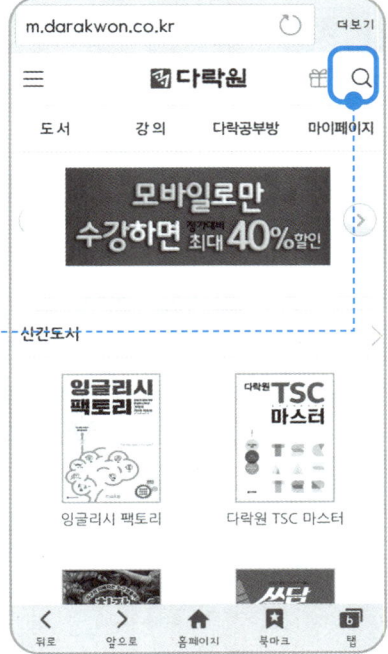

❺ 인터넷을 켜고 다락원 홈페이지로 이동해서 '청춘 영어' 입력

다락원 홈페이지에서 녹음 자료를 받으세요!

이 책에 나오는 모든 원어민 녹음과 저자 음성강의는 다락원 홈페이지에서 받을 수 있습니다. 컴퓨터나 MP3 플레이어, 스마트폰을 이용해 들어보세요.

본문 듣기
본문의 풀 버전 녹음을 제공합니다. '발음 연습하기'의 발음조합까지 읽어 주는 친절한 녹음 파일로, 헤드폰 기호 옆에 있는 파일 이름을 보고 원하는 파일을 찾아 들으세요. `MP3 파일`

예외 발음공식
'알아두면 좋은 예외적인 발음공식'(180쪽)에 나오는 단어 녹음도 다락원 홈페이지에서 내려받을 수 있습니다. `MP3 파일`

영어 단어장
본문에 나오는 단어를 정리한 '발음기호랑 같이 보는 영어 단어장(188쪽)'의 녹음 파일입니다. 영어 발음과 우리말 뜻을 함께 녹음하여, 듣기만 해도 저절로 공부가 됩니다. `MP3 파일`

음성 강의
전체 발음공식 62개를 설명한 저자 선생님의 친절한 발음 강의를 들어볼 수 있습니다. `MP3 파일`

듣기 평가
추가적인 학습을 원하는 분들을 위한 보너스 듣기 연습문제입니다. 홈페이지에서 MP3와 워드 파일을 내려받아, 들으면서 문제를 풀어 보세요.
`MP3 파일` `워드 파일`

다락원 홈페이지로 바로 가기
스마트폰으로 왼쪽 QR 코드를 찍으시면 다락원 홈페이지로 바로 연결됩니다. 컴퓨터에서는 인터넷 주소창에 darakwon.co.kr을 입력하거나 포털사이트에서 '다락원'으로 검색하세요.

청춘영어 알파벳+파닉스 별책부록

알파벳·단어 매일매일 쓰기노트

다락원

별책부록

알파벳·단어 매일매일 쓰기노트

알파벳 쓰기 | 대문자 A~I

A
에이

B
비-

C
씨-

D
디-

E
이-

F
에프

G
쥐-

H
에이치

I
아이

알파벳 쓰기: 소문자 a~i

a — 에이

b — 비-

c — 씨-

d — 디-

e — 이-

f — 에프

g — 쥐-

h — 에이치

i — 아이

알파벳 쓰기 | 대문자 J~R

J
제이

K
케이

L
엘

M
엠

N
엔

O
오우

P
피-

Q
큐-

R
아알

알파벳 쓰기 — 소문자 j~r

j — 제이

k — 케이

l — 엘

m — 엠

n — 엔

o — 오우

p — 피-

q — 큐-

r — 아알

알파벳 쓰기 | 대문자 S~Z

S
에쓰

T
티-

U
유-

V
뷔-

W
더블유-

X
엑쓰

Y
와이

Z
지-

알파벳 쓰기 | 소문자 s~z

s
에쓰

t
티-

u
유-

v
뷔-

w
더블유-

x
엑쓰

y
와이

z
지-

발음공식 01 b = ㅂ ▶26쪽

boy
보이 소년

baby
베이비 아기

ball
볼- 공

job
잡 직업

발음공식 02 c = ㅋ/ㅆ ▶28쪽

coffee
코-피 커피

cake
케잌 케이크

city
씨티 도시

face
페이쓰 얼굴

발음공식 03 : d = ㄷ ▶30쪽

dark
달-크 어두운

dog
독 개

sad
쌛 슬픈

head
헫 머리

발음공식 04 : f = ㅍ ▶32쪽

fish
피쉬 물고기

food
푸-드 음식

soft
쏘-프트 부드러운

beef
비-프 소고기

발음공식 05 g = ㄱ/ㅈ
▶ 34쪽

gift
기프트 선물

bag
백 가방

giraffe
저래프 기린

large
랄-쥐 커다란

발음공식 06 h = ㅎ
▶ 36쪽

hat
햍 모자

hike
하잌 하이킹하다

house
하우쓰 집

happy
해피 행복한

발음공식 07   j = ㅈ ▶38쪽

jar
잘- 병, 항아리

jeans
진-즈 청바지

juice
주-쓰 주스

jam
잼 잼

발음공식 08   k = ㅋ ▶40쪽

kid
킫 아이

kite
카읱 연

cook
쿸 요리하다

lake
레잌 호수

발음공식 09 l = ㄹ ▶42쪽

lemon
레먼 레몬

lily
릴리 백합

doll
돌 인형

smile
스마일 미소 짓다, 미소

발음공식 10 m = ㅁ ▶44쪽

moon
문- 달

mind
마인드 마음, 정신

mom
맘 엄마

room
룸- 방

발음공식 11 n = ㄴ ▶46쪽

nose
노우즈 코

nurse
널-쓰 간호사

noon
눈- 정오, 낮 12시

nine
나인 아홉, 9

발음공식 12 p = ㅍ ▶48쪽

pen
펜 펜

piano
피애노우 피아노

cup
컾 컵

clap
클랲 손뼉 치다

발음공식 13 — q = 크우 ▶50쪽

quiet
크와이엍 조용한

quilt
크윌트 누비이불

quail
크웨일 메추라기

quiz
크위즈 퀴즈

발음공식 14 — r = ㄹ ▶52쪽

rain
레인 비, 비가 오다

rose
로우즈 장미

rest
레스트 휴식, 쉬다

river
리벌 강

발음공식 15: s = ㅅ·ㅆ/ㅈ
▶54쪽

sun
썬 해, 태양

sand
쌘드 모래

class
클래쓰 학급, 수업

rise
라이즈 솟아오르다

발음공식 16: t = ㅌ
▶56쪽

tea
티- 차, 찻잎

table
테이블 탁자

toast
토우스트 토스트

nut
넡 견과

발음공식 17 — V = ㅂ ▶58쪽

vest
베스트 조끼

visit
비짙 방문하다

voice
보이쓰 목소리

five
파이브 5, 다섯

발음공식 18 — W = 우 ▶60쪽

way
웨이 길, 도로

watch
와취 손목시계

work
월-크 일하다

wind
윈드 바람

발음공식 19 x = ㅋㅆ / ㄱㅈ
▶62쪽

box
박쓰 상자

fox
팍쓰 여우

taxi
택씨 택시

exam
익잼 시험

발음공식 20 y = 이
▶64쪽

young
영 어린, 젊은

yard
야-드 마당

yoga
요우거 요가

yawn
욘- 하품하다

발음공식 21 -y = 아이/이 ▶66쪽

sky
스카이 하늘

fry
프라이 (기름에) 튀기다

candy
캔디 사탕

party
팔-티 파티

발음공식 22 z = ㅈ ▶68쪽

zoo
주- 동물원

zebra
지-브러 얼룩말

lazy
레이지 게으른

size
싸이즈 크기, 치수

발음공식 23 | bl=블ㄹ cl=클ㄹ fl=플ㄹ gl=글ㄹ pl=플ㄹ sl=슬ㄹ

▶74쪽

black
블랙 검은색, 검은

clean
클린- 청소하다

flower
플라우얼 꽃

glad
글랜 기쁜

plan
플랜 계획

slow
슬로우 느린

발음공식 24

**br=브ㄹ cr=크ㄹ dr=드ㄹ fr=프ㄹ
gr=그ㄹ pr=프ㄹ tr=트ㄹ**

▶76쪽

brown
브라운 갈색

crab
크랩 게

dry
드라이 마른, 말리다

frog
프로-그 개구리

green
그린- 초록색

prawn
프론- 새우

tray
트레이 쟁반

metro
메트로우 지하철

발음공식 25

**sc/sk=스ㅋ sm=스ㅁ sn=스ㄴ sp=스ㅍ
sq=스크우 sw=스우 st=스ㅌ** ▶78쪽

scary
스케얼이 무서운

skin
스킨 피부

smoke
스모욱 흡연하다, 연기

snack
스냌 간식

space
스페이쓰 우주

square
스크웨얼 광장

swim
스윔 수영하다

stair
스테얼 계단

발음공식 26　scr=스크ㄹ　str=스트ㄹ　spr=스프ㄹ　spl=스플ㄹ　▶80쪽

scream
스크림- 비명

street
스트리-트 거리

spring
스프링 봄

split
스플릍 나누다, 쪼개다

발음공식 27　ch=ㅊ　▶82쪽

cheap
치-프 값싼

church
철-취 교회

lunch
런취 점심식사

ache
에잌 통증

발음공식 28   sh = 쉬
▶84쪽

shop
쉬앞/샵 가게

shell
쉬엘/쉘 (조개) 껍질

dish
디쉬 접시

brush
브러쉬 솔, 브러시

발음공식 29   th = ㅆ/ㄷ
▶86쪽

thin
씬 마른, 얇은

bath
배쓰 목욕

this
디쓰 이것, 이

father
파-덜 아버지

발음공식 30 wh = 우 ▶88쪽

white
와잍 흰색, 하얀

whale
웨일 고래

wheel
윌- 바퀴

wheat
위-트 밀, 소맥

발음공식 31 ph = ㅍ gh = ㅍ ▶90쪽

phone
포운 전화

nephew
네퓨- 남자조카

cough
코-프 기침

laugh
래프 웃다

발음공식 32 : ng=ㅇ nk=ㅇㅋ
▶92쪽

sing
씽 노래하다

long
롱- 긴

think
씽크 생각하다

drink
드링크 마시다

발음공식 33 : ck=ㅋ
▶94쪽

kick
킥 발로 차다

duck
덕 오리

rock
락 바위

jacket
재킽 재킷

발음공식 34 : wr = ㄹ ▶100쪽

wrist
리스트 손목

wrap
랩 포장하다

wrong
롱- 잘못된, 틀린

write
라잍 쓰다, 적다

발음공식 35 : kn = ㄴ gn = ㄴ ▶102쪽

knit
닡 뜨개질하다

knee
니- 무릎

sign
싸인 표지, 기호

foreign
폴-언 외국의

발음공식 36   mb=ㅁ   mn=ㅁ

▶104쪽

climb
클라임 등반하다

lamb
램 새끼양 (고기)

column
칼럼 기둥

autumn
오-텀 가을

발음공식 37   gh=묵음

▶106쪽

high
하이 높은

night
나잍 밤

flight
플라잍 비행

dough
도우 반죽

발음공식 38   a = 애   ▶112쪽

ant
앤트 개미

cap
캡 모자

fat
팻 뚱뚱한

hand
핸드 손

발음공식 39   e = 에   ▶114쪽

egg
엑 달걀

bed
벧 침대

desk
데스크 책상

tell
텔 말하다

발음공식 40   i = 이   ▶116쪽

ink
잉크 잉크

sit
씯 앉다

big
빅 큰

sick
씩 아픈, 병든

발음공식 41   o = 아   ▶118쪽

ox
악쓰 황소

hot
핱 더운, 뜨거운

sock
싹 양말

mop
맢 대걸레

발음공식 42 : u = 어 ▶120쪽

up
엎 위로, 위에

gum
검 껌

run
런 달리다

bus
버쓰 버스

발음공식 43 : a-e = 에이 ▶126쪽

vase
베이쓰 꽃병

date
데잍 날짜

name
네임 이름

wake
웨잌 잠이 깨다

발음공식 44   -e = 이-   e-e = 이- ▶128쪽

she
쉬- 그녀는

he
히- 그는

scene
씬- 장면

evening
이-브닝 저녁

발음공식 45   i-e = 아이 ▶130쪽

wife
와이프 아내

dine
다인 식사를 하다

time
타임 시간

rice
라이쓰 쌀, 벼

발음공식 46 o-e = 오우 ▶132쪽

home
호움 집, 가정

rope
로웊 밧줄

vote
보웉 투표하다

stove
스토우브 난로

발음공식 47 u-e = 유-/우- ▶134쪽

cute
큐-트 귀여운

mule
뮬- 노새

June
준- 6월

flute
플루-트 플루트, 피리

발음공식 48 — ai=에이 ay=에이 ▶140쪽

mail
메일 우편, 우편물

wait
웨잍 기다리다

pay
페이 지불하다

gray
그레이 회색

발음공식 49 — ee=이- ea=이- ▶142쪽

meet
미-트 만나다

tree
트리- 나무

sea
씨- 바다

eat
이-트 먹다

발음공식 50   ie=이-/아이   ▶144쪽

piece
피-쓰 조각

thief
씨-프 도둑

tie
타이 넥타이

pie
파이 파이

발음공식 51   oa=오우 ou=아우   ▶146쪽

coat
코웉 외투, 코트

road
로욷 길

blouse
블라우쓰 블라우스

mouth
마우쓰 입

발음공식 52 ow = 아우/오우
▶148쪽

cow
카우 젖소

town
타운 마을, 도시

snow
스노우 눈

window
윈도우 창문

발음공식 53 oi = 오이 oy = 오이
▶150쪽

oil
오일 기름

coin
코인 동전

toy
토이 장난감

enjoy
인조이 즐기다

발음공식 54   oo = 우/우-   ▶152쪽

book
북 책

foot
풋 발

pool
풀- 수영장

roof
루-프 지붕

발음공식 55   au = 오-   aw = 오-   ▶154쪽

sauce
쏘-쓰 소스, 양념

author
오-썰 저자, 작가

lawn
론- 잔디밭

draw
드로- 그리다

발음공식 56 : ue=우-/유- ew=우-/유-

▶156쪽

glue
글루- 접착제, 풀

statue
스태추- 조각상

brew
브루- (커피, 차를) 끓이다

dew
듀- 이슬

발음공식 57 : ey=이/에이

▶158쪽

key
키 열쇠

valley
밸리 계곡

they
데이 그들은

prey
프레이 먹이

발음공식 58 — ar=알- or=올-
▶160쪽

car
칼- 자동차

hard
할-드 열심히

fork
폴-크 포크

corn
콜-온 옥수수

발음공식 59 — ur=얼- ir=얼-
▶162쪽

dirty
덜-티 더러운

skirt
스컬-트 치마

fur
펄- 털, 모피

purse
펄-쓰 지갑

발음공식 60 : er = 얼 ▶164쪽

sister
씨스털 언니, 누나, 여동생

dinner
디널 저녁식사

butter
버털 버터

cover
커벌 덮다

발음공식 61 : air = 에얼 are = 에얼 ▶166쪽

chair
체얼 의자

repair
리페얼 수리하다

flare
플레얼 확 타오르다

stare
스테얼 응시하다

발음공식 62 | ear=이얼 eer=이얼

▶168쪽

tear
티얼 눈물

hear
히얼 듣다

beer
비얼 맥주

cheer
치얼 환호하다

다락원 홈페이지를 방문하시면 상세한 출판정보와 함께 동영상강좌,
MP3자료 등 다양한 어학 정보를 얻으실 수 있습니다.